essentials

Essentials liefern aktuelles Wissen in konzentrierter Form. Die Essenz dessen, worauf es als „State-of-the-Art" in der gegenwärtigen Fachdiskussion oder in der Praxis ankommt. *Essentials* informieren schnell, unkompliziert und verständlich

- als Einführung in ein aktuelles Thema aus Ihrem Fachgebiet
- als Einstieg in ein für Sie noch unbekanntes Themenfeld
- als Einblick, um zum Thema mitreden zu können

Die Bücher in elektronischer und gedruckter Form bringen das Fachwissen von Springerautor*innen kompakt zur Darstellung. Sie sind besonders für die Nutzung als eBook auf Tablet-PCs, eBook-Readern und Smartphones geeignet. *Essentials* sind Wissensbausteine aus den Wirtschafts-, Sozial- und Geisteswissenschaften, aus Technik und Naturwissenschaften sowie aus Medizin, Psychologie und Gesundheitsberufen. Von renommierten Autor*innen aller Springer-Verlagsmarken.

Mario Pufahl · Florian Dimmig

Intelligenter Arbeitsplatz im Vertrieb

Mit künstlicher Intelligenz mehr Zeit für Kundeninteraktionen schaffen

Mario Pufahl
Düsseldorf, Deutschland

Florian Dimmig
Düsseldorf, Deutschland

ISSN 2197-6708 ISSN 2197-6716 (electronic)
essentials
ISBN 978-3-658-47997-8 ISBN 978-3-658-47998-5 (eBook)
https://doi.org/10.1007/978-3-658-47998-5

Die Deutsche Nationalbibliothek verzeichnet diese Publikation in der Deutschen Nationalbibliografie; detaillierte bibliografische Daten sind im Internet über https://portal.dnb.de abrufbar.

© Der/die Herausgeber bzw. der/die Autor(en), exklusiv lizenziert an Springer Fachmedien Wiesbaden GmbH, ein Teil von Springer Nature 2025

Das Werk einschließlich aller seiner Teile ist urheberrechtlich geschützt. Jede Verwertung, die nicht ausdrücklich vom Urheberrechtsgesetz zugelassen ist, bedarf der vorherigen Zustimmung des Verlags. Das gilt insbesondere für Vervielfältigungen, Bearbeitungen, Übersetzungen, Mikroverfilmungen und die Einspeicherung und Verarbeitung in elektronischen Systemen.
Die Wiedergabe von allgemein beschreibenden Bezeichnungen, Marken, Unternehmensnamen etc. in diesem Werk bedeutet nicht, dass diese frei durch jede Person benutzt werden dürfen. Die Berechtigung zur Benutzung unterliegt, auch ohne gesonderten Hinweis hierzu, den Regeln des Markenrechts. Die Rechte des/der jeweiligen Zeicheninhaber*in sind zu beachten.
Der Verlag, die Autor*innen und die Herausgeber*innen gehen davon aus, dass die Angaben und Informationen in diesem Werk zum Zeitpunkt der Veröffentlichung vollständig und korrekt sind. Weder der Verlag noch die Autor*innen oder die Herausgeber*innen übernehmen, ausdrücklich oder implizit, Gewähr für den Inhalt des Werkes, etwaige Fehler oder Äußerungen. Der Verlag bleibt im Hinblick auf geografische Zuordnungen und Gebietsbezeichnungen in veröffentlichten Karten und Institutionsadressen neutral.

Springer Gabler ist ein Imprint der eingetragenen Gesellschaft Springer Fachmedien Wiesbaden GmbH und ist ein Teil von Springer Nature.
Die Anschrift der Gesellschaft ist: Abraham-Lincoln-Str. 46, 65189 Wiesbaden, Germany

Wenn Sie dieses Produkt entsorgen, geben Sie das Papier bitte zum Recycling.

Was Sie in diesem *essential* finden können

- Vision und Konzept für einen modernen, intelligenten Vertriebsarbeitsplatz
- Beschreibung der einzelnen Module eines intelligenten Vertriebsarbeitsplatzes
- Praxistipps für die Umsetzung von KI-Assistenten

Vorwort

Die Exzellenz und Performance eines Vertriebs ist heute aus unserer langjährigen Erfahrung als Vertriebsberater nur mit dem Einsatz von CRM Cloud Lösungen und KI-Assistenten möglich.

Dieses *essential* beschreibt daher im Rahmen des Sales Performance Management ein praxisbewährtes Konzept und dessen Umsetzung, um den langen Weg hin zu einer Exzellenz im Vertrieb und einer möglichst hohen Leistungsfähigkeit bestmöglich mit CRM-Cloud-Lösungen und KI-Assistenten zu beschreiben. Diese Lösungen wurden und werden von uns erfolgreich in Unternehmen als Unternehmensberater und im eigenen Unternehmen eingesetzt, um eine systematische IT-Unterstützung für den Vertriebsmitarbeiter zu erreichen und diesen durch KI-Assistenten mit digitaler Intelligenz bei der Erledigung der Aufgaben zu unterstützen und gleichzeitig Effizienzen zu heben.

Der Leser soll durch dieses *essential* die Möglichkeit erhalten, von diesen positiven Erfahrungen in Form von Best Practices zu profitieren und sich entlang der einzelnen Module dieses Buches sukzessive der Exzellenz in seinem intelligenten Arbeitsplatz im Vertrieb zu nähern. Hierbei ist es nicht wichtig, mit speziellen Modulen anzufangen. Ferner sei es dem Leser durchaus gestattet, nach Schaffung einer Basis mit einer CRM- Cloud-Lösung mit einem oder mehreren Modulen aus dem Konzept zu starten, wenn es aktuell besonders hohen Bedarf im eigenen Unternehmen für eine spezifische Vertriebsoptimierung gibt.

Besonders am Herzen liegt uns, dass es sich um kein theoretisches Buch handelt, sondern die Theorie an geeigneten Stellen eingeflossen ist. Das Buch enthält zahlreiche praxisbewährte Beispiele, die es dem Leser ermöglichen sollen, die einzelnen Themenbereiche und Module bestmöglich auf das eigene Aufgabengebiet im Vertrieb zu überführen.

Das *essential* richtet sich an Vorstände, Geschäftsführer, aktuelle und angehende Führungskräfte und Praktiker aus dem Vertrieb, die sich einen fundierten Überblick verschaffen und strukturierte Anregungen zu einzelnen Themenbereichen erhalten möchten.

Abschließend möchten wir uns bei Herrn Maximilian David für das Lektorat beim Springer Gabler Verlag bedanken.

Kontakt zu uns können Sie unter LinkedIn aufnehmen:
Mario Pufahl: https://www.linkedin.com/in/mariopufahl/
Florian Dimmig: https://www.linkedin.com/in/florian-dimmig/

Düsseldorf
im Januar 2025

Mario Pufahl
Florian Dimmig

Inhaltsverzeichnis

1	Einordnung im Kontext eines Sales Performance Management	1
2	Aktuelle Trends und KI-Assistenten im Vertrieb	5
3	Mehr Zeit für den Kunden im Vertrieb! So schafft ein intelligenter Arbeitsplatz mehr Zeit für die Kundeninteraktion	7
	3.1 Modul 1: Hoch integriertes CRM, BI, KI, Workflows und Mobile Sales aus der Cloud	11
	3.2 Modul 2: Datenschutzkonformität und Datensicherheit	12
	3.3 Modul 3: Action Dashboards & Personalized Analytics	14
	3.4 Modul 4: Office 365- und ERP-Integration	16
	3.5 Modul 5: Integrated Social Selling	18
	3.6 Modul 6: Lead2Order	19
	3.7 Modul 7: Intelligentes Inputmanagement	22
	3.8 Modul 8: 360-Grad-Kundensicht & Sales Battle Card	28
	3.9 Modul 9: Digitale Copiloten	30
	3.10 Modul 10: Digitale Gesprächsvor- und Nachbereitung	33
	3.11 Modul 11: Lead Scoring	35
	3.12 Modul 12: Next Best Action	35
	3.13 Modul 13: Sales Forecasting	40
4	Zusammenfassung	43
Was Sie aus diesem *essential* mitnehmen können		45
Literatur		47

Über die Autoren

Mario Pufahl Diplomkaufmann, ist Chief Sales Officer und Mitglied des Leaderships der internationalen und auf Digitalisierung spezialisierten Beratungsfirma DIGITALL. Er hat mehr als 25 Jahren Praxiserfahrung im Vertrieb als Berater und in der Linie. Er ist Managementberater sowie Speaker, Dozent und langjähriger Springer Nature-Autor.

Florian Dimmig ist Director Sales bei DIGITALL und betreut den Vertrieb in der Finanzbranche in Deutschland. Mit einem Hintergrund als Bankkaufmann, Berater und einem Master in Sales Management verfügt er über umfassende Erfahrung in Beratung, Vertriebssteuerung und Softwareentwicklung. Seine Mission ist es, als Impulsgeber den digitalen Wandel in der Finanzbranche zu fördern.

Einordnung im Kontext eines Sales Performance Management

1

Exzellenz im Vertrieb. Dieses Ziel sollte sich jedes Unternehmen und jeder Vertriebsleiter setzen. Überragende Spitzenleistungen sind realisierbar, doch um Exzellenz zu erreichen, bedarf es einer nachhaltigen und konsequenten Entwicklung der Effizienz im Vertrieb.

Vertriebsverantwortliche unterschiedlichster Branchen beschäftigen sich daher aktuell intensiv mit der Verbesserung von Steuerungsmöglichkeiten im Vertrieb und den damit einhergehenden Effizienzsteigerungen in der Marktbearbeitung, den Kundenprozessen, der bestmöglichen Unterstützung durch (mobile) IT-Systeme und den Herausforderungen für die Mitarbeiter und deren Entwicklung – mit unterschiedlichen Ansätzen.

Im Buch „Sales Performance Management" wurde das Konzept „Sales Performance Management" (vgl. Pufahl, 2018) mit vier Dimensionen ausführlich beschrieben (vgl. Abb. 1.1).

„Effizienz bedeutet, dass Aufgaben wirtschaftlich und richtig erledigt werden. Die Effizienz (‚do the things right') misst das Verhältnis von aktuellem Output zu aktuellem Input und stellt u. a. eine Leitlinie für die kurzfristige Planung dar. Sie ist die Wirksamkeit von Strukturen bzw. Aktivitäten." (vgl. Wirtschaftslexikon, 2024).

Die Vertriebsleitung kann die Effizienz im Vertrieb anhand der Methodik *Sales Performance Management* systematisch anhand von vier Dimensionen überwachen und steuern (vgl. Pufahl, 2018):

© Der/die Autor(en), exklusiv lizenziert an Springer Fachmedien Wiesbaden GmbH, ein Teil von Springer Nature 2025
M. Pufahl und F. Dimmig, *Intelligenter Arbeitsplatz im Vertrieb*, essentials, https://doi.org/10.1007/978-3-658-47998-5_1

1 Einordnung im Kontext eines Sales Performance Management

Abb. 1.1 Methodik Sales Performance Management (Pufahl, 2018)

Strategie Sind alle wesentlichen Elemente einer Vertriebsstrategie ausreichend definiert, dokumentiert und werden diese ausreichend gestaltet, regelmäßig überwacht und ggfs. neu ausgerichtet? Gibt es Frühwarnsysteme für Marktveränderungen?

Organisation Ist die Aufbauorganisation zentral und in den lokalen Märkten ausreichend gestaltet, untereinander vergleichbar und mit ausreichenden Ressourcen ausgestattet? Sind Prozesse definiert, dokumentiert und adäquat durch moderne IT-Systeme digitalisiert?

Controlling Existiert ein ausgereiftes Steuerungskonzept für den Vertrieb? Sind die Steuerungsgrößen ((Key) Performance Indicators) ausreichend klar definiert und durch Cockpits und Berichte einfach und verständlich operationalisiert? Existiert eine konsistente Planung mit ausreichender Detailtiefe? Wird die Planerreichung überwacht?

Personal Haben die Vertriebsmitarbeiter eine ausreichende Qualifikation, um die angestrebten Marktziele zu erreichen? Werden Deltas von Mitarbeitern zu geforderten und angestrebten Kompetenzen regelmäßig identifiziert und Maßnahmen zu deren Beseitigung abgeleitet? Werden Leistungsträger gefördert und Schwächen bei Mitarbeitern systematisch beseitigt?

Das hier beschriebene Konzept eines intelligenten Arbeitsplatzes für den Vertrieb und dessen Umsetzungsvorschläge sind Teil der Dimension „Organisation" und fokussieren sich insbesondere auf die IT-Systeme.

Aktuelle Trends und KI-Assistenten im Vertrieb

2

Im Jahr 2025 dominieren KI-gestützte Personalisierung und emotionale Omnichannel-Erlebnisse den Vertrieb:

- CRM-Systeme integrieren verstärkt IoT-Daten, um Echtzeit-Kundeneinblicke zu bieten. Automatisierung reduziert manuelle Aufgaben und steigert die Effizienz.
- Intelligente KI-Agenten lösen komplexe Probleme eigenständig und optimieren IT-Prozesse. Mobile CRM-Nutzung nimmt zu, da immer mehr Nutzer ihre Systeme unterwegs nutzen.
- Große KI-Modelle mit bis zu 50 Billionen Parametern bieten leistungsfähigere Tools. Kleinere KI-Modelle ermöglichen erschwingliche Lösungen für KMU.
- KI optimiert Kundenservice und IT, indem sie in Echtzeit auf Bedrohungen reagiert. KI-Modelle speichern Millionen von Informationen und verbessern aktiv die Kundenzufriedenheit. Mensch und Maschine arbeiten nahtlos zusammen, um die Produktivität zu steigern (vgl. Hagel, 2024; Maret, 2024; Laxis, 2024).

In den letzten Jahren hat die Integration von KI im Vertrieb eine bemerkenswerte Transformation erlebt. KI-Assistenten, die auf generativer KI basieren, revolutionieren die Art und Weise, wie Unternehmen ihre Vertriebsstrategien gestalten und umsetzen.

Diese Technologien ermöglichen eine tiefere Analyse von Kundendaten und Verhaltensmustern, was zu präziseren und zielgerichteten Verkaufsstrategien führt. Die Automatisierung von Routineaufgaben durch KI-Assistenten steigert nicht nur die Effizienz, sondern auch die Qualität der Kundeninteraktionen.

Zudem bieten KI-gestützte Systeme eine nahtlose Integration in bestehende CRM-Systeme, was die Verwaltung von Kundenbeziehungen erheblich vereinfacht. Die neuesten Trends zeigen, dass KI-Assistenten nicht nur in der Lage sind, Verkaufsprozesse zu optimieren, sondern auch die gesamte Kundenreise zu personalisieren und zu verbessern (vgl. Schwarz, 2024; LangChain, 2024).

In Bezug auf KI-Assistenten können die folgenden Top-Trends identifiziert werden (vgl. Schwarz, 2024; LangChain, 2024):

- Ein zentraler Trend ist die KI-unterstützte Kundenprofilierung, die es ermöglicht, detaillierte und genaue Kundenprofile zu erstellen. Diese Profile basieren auf umfangreichen Datenanalysen und helfen Vertriebsmitarbeitern, ihre Ansprache und Angebote besser auf die Bedürfnisse der Kunden abzustimmen.
- Ein weiterer wichtiger Trend ist die Nutzung von Conversational KI, die durch KI-basierte Chatbots und virtuelle Assistenten die Kundenkommunikation automatisiert und verbessert. Diese Technologien können rund um die Uhr Kundenanfragen beantworten und somit die Kundenzufriedenheit erhöhen. Darüber hinaus spielt die Automatisierung von Vertriebsprozessen eine entscheidende Rolle. KI-Assistenten können Routineaufgaben wie die Dateneingabe und -pflege übernehmen, was den Vertriebsmitarbeitern mehr Zeit für strategische Aufgaben lässt.
- Die Integration von KI in CRM-Systeme ermöglicht es Unternehmen, ihre Verkaufsstrategien kontinuierlich zu optimieren. Durch die Analyse von Verkaufsdaten und Kundeninteraktionen können KI-gestützte Systeme Muster und Trends erkennen, die für die Entwicklung neuer Verkaufsstrategien genutzt werden können. Dies führt zu einer höheren Effizienz und einer besseren Anpassung an die sich ständig ändernden Marktbedingungen. Ein weiterer Vorteil der KI-Integration ist die Verbesserung der Vorhersagegenauigkeit. KI-gestützte Vorhersagemodelle können zukünftige Verkaufschancen und -risiken präzise prognostizieren, was den Unternehmen hilft, proaktiv zu handeln und ihre Ressourcen optimal zu nutzen.
- Die Skalierbarkeit von KI-Assistenten in andere Geschäftsbereiche ist ebenfalls vielversprechend. Die Technologien, die im Vertrieb erfolgreich eingesetzt werden, können auch in anderen Bereichen wie dem Kundenservice, dem Marketing und der Produktentwicklung genutzt werden. Dies ermöglicht eine ganzheitliche Optimierung der Geschäftsprozesse und trägt zur Steigerung der Gesamtleistung des Unternehmens bei. Die kontinuierliche Weiterentwicklung und Anpassung der KI-gestützten Systeme wird in Zukunft eine noch größere Rolle spielen und die Art und Weise, wie Unternehmen ihre Kundenbeziehungen managen, nachhaltig verändern.

3 Mehr Zeit für den Kunden im Vertrieb! So schafft ein intelligenter Arbeitsplatz mehr Zeit für die Kundeninteraktion

Die fachlichen Anforderungen an die Vertriebssteuerung haben sich in den letzten Jahren stark erweitert. Wo in der Vergangenheit die Abbildung von Vertriebsprozessen und klassisches Reporting bzw. die Abbildung von Dashboards im Vordergrund stand, hat sich der Fokus stark auf die User Experience und die Unterstützung der Vertriebsmitarbeiter mittels KI-Assistenten verlagert, um eine operative Vertriebssteuerung im Alltag zu ermöglichen.

▶ Am Ende des Tages zählt die effiziente Unterstützung des Vertriebsmanagers und Verkäufers in der täglichen Arbeit. Ohne die Daten aus der täglichen Arbeit ist keine Vertriebssteuerung möglich.

Folgenden fachlichen Anforderungen sieht sich der B2B-Vertrieb hierbei gegenüber:

- Die **Volatilität und Komplexität im B2B-Vertrieb** nimmt zu, da sich die Märkte schneller ändern und Veränderungen schwerer vorhersehbar sind, Bestellrhythmen von Kunden flexibler werden und das Vertriebsumfeld vielerorts durch einen höheren Wettbewerb und den Druck auf die Lieferanten gekennzeichnet ist.
- Gleichzeitig ist die **Erwartungshaltung der Kunden** an die Unternehmen und deren Vertriebsmitarbeiter hoch, da eine **hohe Effizienz und Reaktionsgeschwindigkeit, DSGVO-Konformität** sowie vollständige Transparenz der Kundenhistorie (idealerweise in Echtzeit) vorausgesetzt wird.
- Die **Anforderungen an die tägliche Effizienz** und Performance der Vertriebsmitarbeiter sind hierdurch höher, da vorliegende Informationen bestmöglich

und schnell ausgewertet und Entscheidungen schneller als in der Vergangenheit getroffen werden müssen.
- Zudem sind die **Strukturen und Prozesse auf Kundenseite,** insbesondere bei Großkunden mit unterschiedlichen Ansprechpartnern im Buying Center, **komplexer** als in der Vergangenheit.

Die Medien sind voller Schlagworte wie Digitalisierung, Industrie 4.0, CRM 2.0, KI, Machine Learning, Robotics, IoT, etc. Jeder spricht von der schönen neuen Arbeitswelt und den heutigen Möglichkeiten der Digitalisierung.

Die Unternehmen investieren Millionen in moderne Arbeitsplätze und die virtuellen Welten, um den Mitarbeitern die Möglichkeit eines komfortablen Heimarbeitsplatzes zu ermöglichen und gleichzeitig die Potenziale der Kollaboration und Kostensenkungspotenziale durch Verringerung der vorgehaltenen Arbeitsplätze zu erschließen. Gleichzeitig wird die Kundenzentrierung propagiert, wovon der Kunde aber häufig erst als Letzter etwas merkt, da an der Kundenschnittstelle keine intelligenten Systeme zur Verfügung stehen.

Die Vorteile der Digitalisierung kommen in den meisten Vertriebseinheiten vielerorts mit viel zu umfangreichen CRM-Systemen, modernen Laptops und Smartphones an. Beim wichtigsten Protagonisten an der Kundenschnittstelle, dem Vertriebsmitarbeiter, fehlt daher häufig der konkrete Mehrwert der Digitalisierung. An der vertrieblichen Tagesordnung sind immer noch händische Powerpoint-Präsentationen auf schlechten CI/CD-Vorlagen sowie Vertriebs- und Kundendaten in Excel, um Kunden zu segmentieren, Events zu planen und Kundensegmentierungen durchzuführen.

Gleichzeitig wird der Vertriebsmitarbeiter knallhart controlled und an seiner Vertriebsleistung häufig anhand der KPIs Auftragseingang, Umsatz und Deckungsbeitrag gemessen. Hinzu kommt, dass der Vertriebsmitarbeiter mit immer mehr administrativen Tätigkeiten wie detailliertem Forecasting, Datenschutz und Regulatorik konfrontiert wird, die er neben dem Tagesgeschäft bewältigen muss.

Die Folge: weniger Zeit für den Vertrieb und Kundeninteraktionen. CRM ist häufig begrifflich verbrannt und im Vertrieb mittlerweile verpönt. Eine weitere Folge ist, dass gemäß des Expertenbarometers Sales Performance Managements jeder zehnte Vertrieb unabhängig von strategischen Zielen des Gesamtunternehmens arbeitet (vgl. Pufahl, 2018).

Intelligente Vertriebsmanager erkennen diesen Missstand und fangen an umzudenken. Neue Lösungsansätze sind gefragt! Es wird Zeit für die operative Hilfe und Unterstützung für jeden Vertriebsmitarbeiter, die vor 10 Jahren bereits durch CRM versprochen und nie eingelöst wurde. Lösungsansatz: Intelligenter Arbeitsplatz im Vertrieb.

Aus Sicht der Vertriebssteuerung lässt sich im Bereich der Vertriebssteuerungssysteme ein klarer Trend hin zu den KI-unterstützten Systemen sehen.

Der Vertriebsmitarbeiter im B2B-Vertrieb soll durch **moderne IT-Plattform-Lösungen** bestmöglich in seiner täglichen Arbeit unterstützt werden, um seine **Effizienz** zu steigern, seine **Abschlussquote** zu erhöhen und seine wertvolle Vertriebszeit auf die **Schlüsselkunden mit hohem Potenzial** zu konzentrieren.

Der Vertriebsmitarbeiter soll in seinen **Entscheidungen durch KI bestmöglich unterstützt** werden, um schnell und zielgerichtet zu agieren und gleichzeitig größtmögliche Effizienz zu erreichen.

Sein persönlicher „Intelligenter Vertriebsarbeitsplatz" soll so auf ihn zugeschnitten und mobil verfügbar sein, dass er **maßgeschneiderte, verdichtete Informationen** vorfindet und sich bestmöglich selbst steuern kann. Seine wesentlichen KPIs werden für ihn einfach und nachvollziehbar dargestellt.

Cloud-Lösungen und KI-Assistenten werden genutzt, um den intelligenten Arbeitsplatz im Vertrieb **hochintegriert mit Umsystemen** zu schaffen, Daten in Echtzeit darzustellen, Prozesse End2End abzubilden und KI in der Entscheidungsfindung zu nutzen.

Was ist ein „Intelligenter Arbeitsplatz im Vertrieb"?

▶ **Intelligenter Arbeitsplatz im Vertrieb**
Intelligenter, digitaler Arbeitsplatz für den Vertriebsmitarbeiter und das Vertriebsmanagement, der die Vertriebsaktivitäten jederzeit auf jedem Gerät in Echtzeit unterstützt und kontinuierlich optimiert.

Die wesentlichen Eckpfeiler eines intelligenten Arbeitsplatzes im Vertrieb sind:

- **Cloud First:** CRM, BI und KI werden in einer durchgängigen Lösung aus der Cloud vereint und stehen dem Vertriebsmitarbeiter zu jeder Zeit und an jedem Ort zur Verfügung. Es gibt eine optimale Nutzererfahrung.
- **Mobile First:** Alle Funktionalitäten sind auf jedem Endgerät auch mobil verfügbar – das gilt auch für die Vertriebsberichte, die in Echtzeit aufgerufen werden können.
- **Dateneingaben werden einfacher:** Es gibt konkrete Hilfestellungen durch die Systeme, die die Datenschutzkonformität sicherstellen und dem Vertriebsmitarbeiter Zweifel abnehmen.

- **Excel wird weniger:** Es ist einfach, die Excel-Hölle durch ein modernes, sogenanntes Self-Service-BI abzulösen – d. h. der Vertriebsmitarbeiter kann sich seine Berichte einfach und schnell selbst bauen.
- **Kollaboration wird gefördert:** Die Arbeit unter den Vertriebsmitarbeitern wird durch Werkzeuge wie Videotelefonie, Webkonferenzen, Wissensplattformen (z. B. mit KI-Unterstützung oder -Chatbots), Chats etc. einfach und komfortabel. Die Integration von Outlook mit dem CRM ist Standard und E-Mails bzw. Kundeninteraktionen können mit wenigen Clicks an die richtige Stelle im CRM verlinkt werden.
- **Konkrete Arbeitsentlastung:** Action Dashboards geben konkrete Hinweise, welchen Aktivitäten durch den Vertriebsmitarbeiter erledigt werden sollten. Dies sind beispielsweise offene Angebote, überfällige Rechnungen etc.
- **Intelligentes Social Selling:** hilft dem Vertriebsmitarbeiter, seine Aktivitäten in LinkedIn smart durchzuführen und auch vollständig integriert in CRM durchzuführen. Hier gibt es beispielsweise die Möglichkeit, Stellenwechsel angezeigt zu bekommen oder auch einen Newsfeed zu Leads, Kontakten oder Kunden angezeigt zu bekommen.
- **Einfache Kundenansprache:** Es ist einfach, Vertriebskampagnen schnell und einfach anzulegen und durchzuführen. Kunden können so schnell und einfach ohne aufwendige Abstimmungen mit dem Marketing durchgeführt werden.
- **Künstliche Intelligenz:** übernimmt Standardroutinen wie die Einschätzung von Leads, Wiedervorlagen zu Aktivitäten oder durch Handlungsempfehlungen zu Kunden. Die tägliche Arbeit des Vertriebsmitarbeiters wird konkret erleichtert.
- **Personalisierte Analysen:** runden das Bild ab, indem der Vertriebsmitarbeiter das Reporting sich einfach selbst so einstellen kann, dass er die für seine Rolle und Kunden wichtigen Informationen schnell und einfach im Blick hat.

Die gute Nachricht: Die modernen Cloud-Plattformen schaffen alle Voraussetzungen inklusive der Möglichkeiten der Nutzung von KI. Ein intelligenter Arbeitsplatz im Vertrieb soll im Folgenden in den einzelnen Modulen erläutert werden (vgl. Abb. 3.1).

3.1 Modul 1: Hoch integriertes CRM, BI, KI, Workflows …

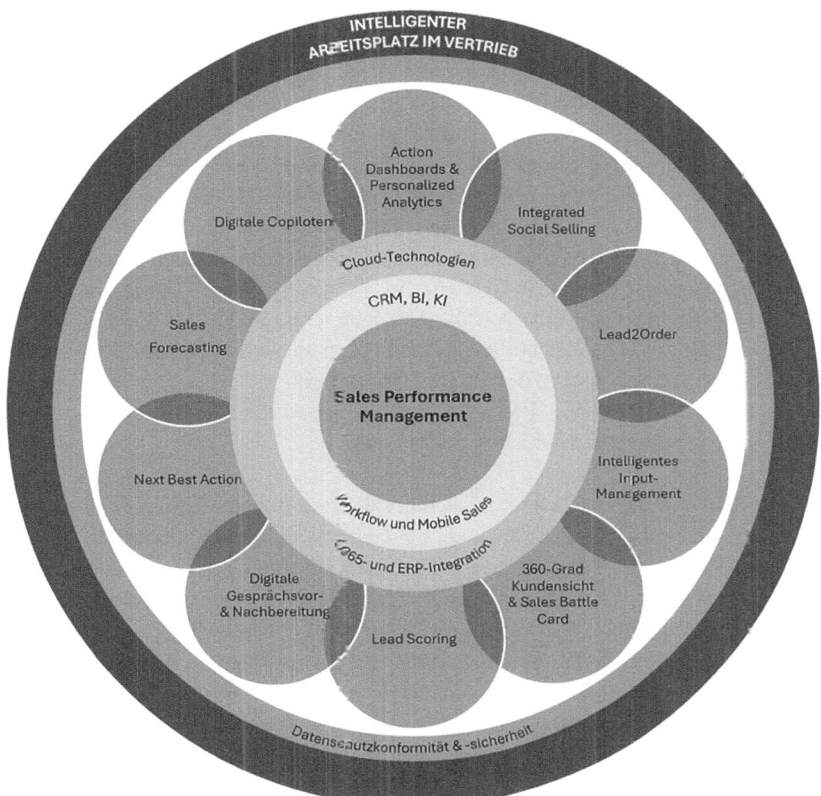

Abb. 3.1 Module „Intelligenter Arbeitsplatz im Vertrieb"

3.1 Modul 1: Hoch integriertes CRM, BI, KI, Workflows und Mobile Sales aus der Cloud

Ein hoch integriertes CRM-System, hoch integriert mit BI, KI, ERP-Lösungen, Workflows und Mobile Sales aus der Cloud, bildet das Rückgrat eines modernen Vertriebsarbeitsplatzes. Diese Integration ermöglicht eine einheitliche Datenbasis, die in Echtzeit aktualisiert wird und somit eine fundierte Entscheidungsfindung unterstützt (vgl. Abugo, 2024; Finn & Downie, 2024):

- Durch die Nutzung von Cloud-Technologien können Vertriebsmitarbeiter jederzeit und überall auf relevante Daten zugreifen, sei es im Büro, im Homeoffice oder vor Ort bei Kunden.
- KI-gestützte CRM-Module bieten konkrete Handlungsoptionen und personalisierte Analysen, die den Vertriebsprozess optimieren.
- Workflows automatisieren Routineaufgaben und steigern die Effizienz, während BI-Tools detaillierte Einblicke in Verkaufsdaten liefern.
- Mobile CRM-Apps ermöglichen es den Vertriebsteams, auch unterwegs Kundenbeziehungen zu pflegen und auf wichtige Informationen zuzugreifen.
- Die Integration von IoT-Daten in CRM-Systeme bietet Echtzeit-Kundeneinblicke und verbessert die Kundeninteraktionen.
- Datenschutz und Datensicherheit werden durch spezielle Maßnahmen gewährleistet, um die Einhaltung der DSGVO zu sichern.
- Die Nutzung von KI in CRM-Systemen verbessert die Vorhersagegenauigkeit und hilft Unternehmen, proaktiv zu handeln.

Die Kombination dieser Technologien führt zu einer höheren Effizienz und einer besseren Anpassung an die sich ständig ändernden Marktbedingungen. Diese integrierte Plattform ermöglicht es Unternehmen, ihre Verkaufsstrategien kontinuierlich zu optimieren und die Kundenzufriedenheit zu steigern. Die Skalierbarkeit dieser Systeme erlaubt es, sie auch in anderen Geschäftsbereichen wie dem Kundenservice und dem Marketing einzusetzen. Insgesamt trägt ein hoch integriertes CRM, BI, KI, Workflows und Mobile Sales aus der Cloud zur Steigerung der Gesamtleistung des Unternehmens bei.

3.2 Modul 2: Datenschutzkonformität und Datensicherheit

Ein intelligenter Arbeitsplatz im Vertrieb muss die Datenschutz-Grundverordnung (DSGVO) und Datensicherheit strikt einhalten, um das Vertrauen der Kunden zu bewahren und rechtliche Konsequenzen zu vermeiden.

Die DSGVO stellt sicher, dass personenbezogene Daten nur rechtmäßig, transparent und zweckgebunden verarbeitet werden (vgl. Matern, 2024; BMI, 2024):

- Unternehmen müssen klare Informationspflichten erfüllen und die Einwilligung der Betroffenen einholen.

3.2 Modul 2: Datenschutzkonformität und Datensicherheit

- Datenschutz-Folgenabschätzungen sind erforderlich, wenn ein hohes Risiko für die Rechte und Freiheiten natürlicher Personen besteht.
- Datensicherheit umfasst Maßnahmen zum Schutz vor technischen und organisatorischen Risiken. Cloud-basierte CRM-Systeme müssen sicherstellen, dass Daten verschlüsselt und in isolierten Umgebungen gespeichert werden.
- IT-Softwareanbieter und -Implementierungsunternehmen bieten umfassende Sicherheitslösungen und regelmäßige Penetrationstests, um die Einhaltung der datenschutzrechtlichen Anforderungen zu gewährleisten.
- Die Integration von Datenschutz und Datensicherheit in den Vertriebsarbeitsplatz ermöglicht eine effiziente und sichere Datenverarbeitung. Unternehmen profitieren von einer höheren Effizienz und einer besseren Anpassung an die sich ständig ändernden Marktbedingungen.

Die kontinuierliche Überwachung und Anpassung der Datenschutzmaßnahmen ist unerlässlich, um den Schutz personenbezogener Daten zu gewährleisten. Die Einhaltung der DSGVO und die Sicherstellung der Datensicherheit sind nicht nur rechtliche Verpflichtungen, sondern auch ein Vertrauensfaktor für Kunden und Geschäftspartner. Die Skalierbarkeit dieser Maßnahmen ermöglicht es, sie auch in anderen Geschäftsbereichen wie dem Kundenservice und dem Marketing einzusetzen.

Insgesamt trägt die Einhaltung der DSGVO und die Sicherstellung der Datensicherheit zur Steigerung der Gesamtleistung des Unternehmens bei.

Marktführende CRM-Lösungen bieten mittlerweile die Unterstützung durch KI-Assistenten. Diese bieten viele Vorteilen, die in den Folgekapiteln aufgezeigt werden. Gleichzeitig können KI-Assistenten die Einhaltung der DSGVO auf verschiedene Weise gefährden. Hier sind einige der Hauptaspekte (vgl. Ludolph, 2024; Klett, 2024):

1. **Datenqualität und -minimierung:** KI-Assistenten benötigen große Mengen an Daten, um effektiv zu funktionieren. Dies steht im Widerspruch zum Grundsatz der Datenminimierung der DSGVO, der vorschreibt, dass nur die für bestimmte Zwecke erforderlichen personenbezogenen Daten erfasst und gespeichert werden dürfen. Wenn KI-Assistenten auf umfangreiche Datensätze zugreifen, besteht die Gefahr, dass mehr Daten gesammelt werden, als tatsächlich notwendig sind.
2. **Anonymisierung und Pseudonymisierung:** Obwohl Anonymisierungstechniken verwendet werden können, um personenbezogene Daten zu schützen,

ist es oft schwierig, sicherzustellen, dass die Daten vollständig anonymisiert sind. KI-Assistenten könnten in der Lage sein, anonymisierte Daten zu de-anonymisieren, was zu Datenschutzverletzungen führen könnte.
3. **Zweckbindung:** Die DSGVO verlangt, dass personenbezogene Daten nur für spezifische legitime Zwecke verwendet werden, die den Betroffenen zum Zeitpunkt der Erhebung mitgeteilt werden. KI-Assistenten, die Daten für andere Zwecke verwenden oder weiterverarbeiten, könnten gegen diesen Grundsatz verstoßen.
4. **Transparenz und Einwilligung:** KI-Assistenten müssen transparent arbeiten und die betroffenen Personen über die Verarbeitung ihrer Daten informieren. Dies umfasst auch die Einholung der Einwilligung, wenn erforderlich. Wenn KI-Assistenten ohne ausreichende Transparenz oder Einwilligung arbeiten, kann dies zu Verstößen gegen die DSGVO führen.
5. **Sicherheitsmaßnahmen:** Die DSGVO verlangt, dass geeignete technische und organisatorische Maßnahmen zum Schutz personenbezogener Daten getroffen werden. KI-Assistenten, die nicht ausreichend gesichert sind, könnten anfällig für Cyberangriffe sein, was zu Datenschutzverletzungen führen könnte.
6. **Automatisierte Entscheidungen:** Die DSGVO enthält Bestimmungen zum Schutz der Rechte der betroffenen Personen bei automatisierten Entscheidungen, einschließlich Profiling. KI-Assistenten, die automatisierte Entscheidungen treffen, müssen sicherstellen, dass diese Entscheidungen transparent, fair und nicht diskriminierend sind.

Insgesamt erfordert der Einsatz von KI-Assistenten daher eine sorgfältige Planung und Umsetzung, um die Einhaltung der DSGVO sicherzustellen und die Risiken zu minimieren.

3.3 Modul 3: Action Dashboards & Personalized Analytics

Ein intelligenter Arbeitsplatz im Vertrieb profitiert erheblich von Action Dashboards und personalisierten Analysen.

Dashboards bieten Echtzeit-Einblicke in Verkaufsdaten und ermöglichen es Vertriebsmitarbeitern, fundierte Entscheidungen zu treffen. Durch die Integration von CRM-Daten mit BI und KI können Unternehmen maßgeschneiderte Analysen erstellen, die auf die individuellen Nutzerbedürfnisse zugeschnitten sind. Personalisierte Dashboards passen sich den Präferenzen und dem Verhalten der Nutzer

3.3 Modul 3: Action Dashboards & Personalized Analytics

an und bieten so eine optimierte Benutzererfahrung https://ajelix.com/data/data-visualization-trends/ (vgl. Agnese, 2024).

Diese Dashboards ermöglichen es, Verkaufschancen zu identifizieren, Trends zu erkennen und die Leistung von Vertriebsmitarbeitern zu überwachen (vgl. Atlassian, 2025). Die Nutzung von KI in diesen Dashboards verbessert die Vorhersagegenauigkeit und hilft Unternehmen, proaktiv zu handeln. Durch die Automatisierung von Datenaufbereitungen und -analysen können Vertriebsmitarbeiter ihre Zeit effizienter nutzen und sich auf strategische Aufgaben konzentrieren.

Action Dashboards im Sinne eines Sales Reportings sind interaktive Werkzeuge, die es Vertriebsmanagern ermöglichen, wichtige Verkaufsdaten in Echtzeit zu visualisieren und zu analysieren. Diese Dashboards kombinieren Daten aus verschiedenen Quellen und präsentieren sie in einer benutzerfreundlichen Oberfläche mit Diagrammen, Grafiken und Tabellen. Sie bieten eine zentrale Ansicht der wichtigsten Leistungskennzahlen (KPIs) und ermöglichen es den Nutzern, die Vertriebsleistung zu überwachen, Trends zu identifizieren und datenbasierte Entscheidungen in Echtzeit zu treffen (vgl. Anderson, 2025; Revenue.io, 2025).

Ein Action Dashboard zeigt nicht nur statische Berichte, sondern bietet auch die Möglichkeit, auf Basis der angezeigten Daten sofortige Maßnahmen zu ergreifen. Beispielsweise können Vertriebsmanager sehen, welche Vertriebsmitarbeiter erfolgreich Abschlüsse tätigen, welche Deals im Verkaufsprozess feststecken und welche Bereiche optimiert werden müssen. Dies ermöglicht eine proaktive Steuerung und Anpassung der Vertriebsstrategien, um die Effizienz und den Umsatz zu steigern https://www.revenue.io/inside-sales-glossary/what-are-sales-dashboards (vgl. Revenue.io, 2025).

Darauf aufbauend ist ein Vorteil von Personalized Analytics die Möglichkeit, personalisierte und rollenbasierte Berichte zu erstellen. Dies bedeutet, dass jeder Vertriebsmitarbeiter oder Manager genau die Informationen erhält, die für seine Rolle relevant sind, was die Transparenz und Reaktionsgeschwindigkeit erhöht. Durch die Integration von KI-gestützten Analysen können diese Dashboards auch prädiktive Einblicke bieten, die zukünftige Verkaufschancen und Risiken vorhersagen (vgl. Anderson, 2025).

Insgesamt tragen Sales Analytics dazu bei, den Verkaufsprozess zu optimieren, indem sie eine strukturierte und transparente Vorgehensweise bieten. Dies führt zu einer höheren Kundenzufriedenheit und letztlich zu einem gesteigerten Umsatz (vgl. Revenue.io, 2025).

3.4 Modul 4: Office 365- und ERP-Integration

Ein intelligenter Arbeitsplatz im Vertrieb hebt erhebliche Effizienzsteigerungspotenziale durch die Integration von Microsoft Office 365 und ERP-Systemen (z. B. SAP 4/HANA, Dynamics365, Oracle ERP). Die Integration eines intelligenten Arbeitsplatzes im Vertrieb mit Microsoft Office 365 ermöglicht eine nahtlose Zusammenarbeit und Datenverarbeitung, die die Effizienz und Produktivität der Vertriebsmitarbeiter steigert. Office 365 bietet Anwendungen wie Word, Excel, PowerPoint, Outlook und SharePoint, die in den täglichen Arbeitsablauf integriert werden können (vgl. Abb. 3.2).

Die Integration von ERP-Systemen wie SAP, Dynamics 365 oder Oracle ERP ermöglicht es Unternehmen, ihre Geschäftsprozesse Ende-zu-Ende zu optimieren und Echtzeit-Einblicke in Finanz-, Lieferketten- und Betriebsdaten im Vertrieb zu erhalten.

Über eine API-Schnittstelle zwischen CRM- und ERP-Systemen (vgl. Abb. 3.3) können verschiedene Arten von Informationen ausgetauscht werden, um eine nahtlose Integration und effiziente Datenverwaltung zu gewährleisten.

Hier sind einige Beispiele für Informationen, die ausgetauscht werden können:

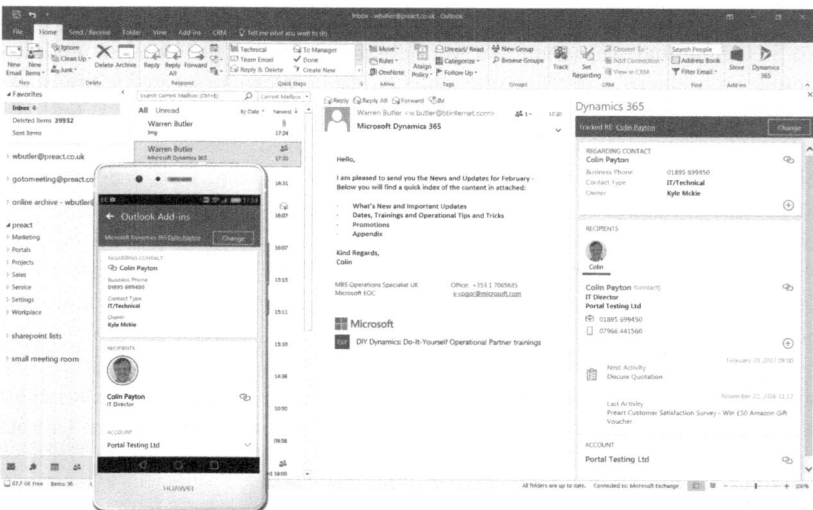

Abb. 3.2 Outlook Integration im CRM (Microsoft A, 2025)

3.4 Modul 4: Office 365- und ERP-Integration

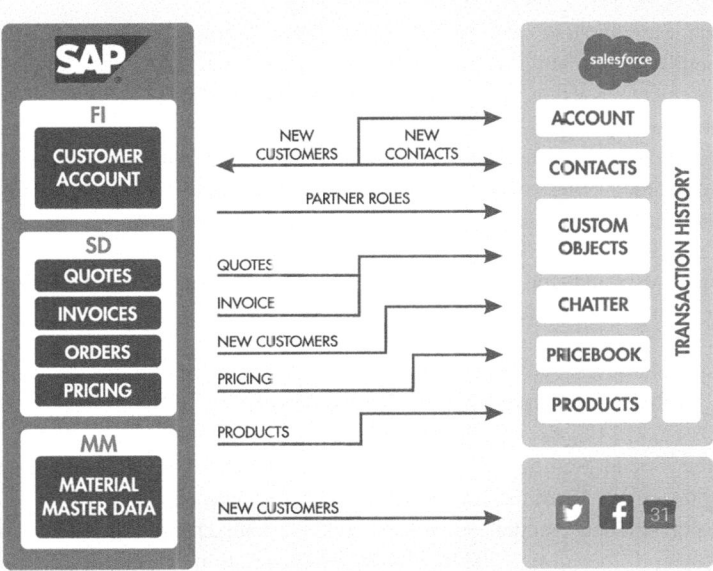

Abb. 3.3 SAP Salesforce Integration (Salesforce, 2025)

- **Kundendaten:** Stammdaten wie Name, Adresse, Kontaktinformationen und Kundennummern können zwischen den Systemen synchronisiert werden.
- **Vertragsdaten:** Informationen über Verträge, deren Status (beantragt, aktiv, beendet) und verknüpfte Marktlokationen können ausgetauscht werden.
- **Rechnungs- und Zahlungsinformationen:** Offene Posten, letzte Abrechnungen und Zahlungsstatus können zwischen den Systemen übertragen werden.
- **Kontakthistorie und Aktivitäten:** Historische Daten über Kundenkontakte, Aktivitäten und Kampagnen können synchronisiert werden.
- **Produkt- und Bestandsinformationen:** Daten über Produkte, Lagerbestände, Arbeitsstunden und verbrauchte Artikel können aktualisiert und zwischen den Systemen ausgetauscht werden.

Diese Integration ermöglicht eine ganzheitliche Sicht auf Kunden und Geschäftsprozesse, verbessert die Effizienz und reduziert Fehler durch doppelte Dateneingabe. Die Integration von IoT-Daten in ERP-Systeme bietet Echtzeit-Einblicke in Kunden- und Betriebsdaten, was die Kundeninteraktionen und die betriebliche Effizienz verbessert.

Durch die Nutzung von Cloud-Technologien können Mitarbeiter jederzeit und überall über mobile Lösungen auf relevante Daten aus den angebundenen Systemen zugreifen, was die Flexibilität und Reaktionsfähigkeit in einem Kundengespräch erhöht.

KI-gestützte Funktionen in Cloud-basierten IT-Lösungen wie Dynamics 365 oder Salesforce verbessern die Entscheidungsfindung und bieten personalisierte Analysen, die auf die individuellen Bedürfnisse der Nutzer zugeschnitten sind.

Die Automatisierung von Routineaufgaben durch ERP-Systeme reduziert den manuellen Aufwand und ermöglicht es den Mitarbeitern, sich auf strategische Aufgaben zu konzentrieren (vgl. Abugo, 2024).

3.5 Modul 5: Integrated Social Selling

Integrated Social Selling ist ein wesentlicher Bestandteil eines intelligenten Arbeitsplatzes im Vertrieb. Social Selling nutzt soziale Medien, um Beziehungen zu potenziellen Kunden aufzubauen und Verkaufschancen zu identifizieren (vgl. Phoenix Consulting, 2024). Durch die Integration von Social Selling in CRM-Systeme können Vertriebsmitarbeiter ihre Aktivitäten effizienter verwalten und personalisierte Ansätze entwickeln. Social Selling ermöglicht es, relevante Inhalte zu teilen und sich als vertrauenswürdiger Vertriebsansprechpartner zu positionieren. Plattformen wie LinkedIn, Facebook und Instagram spielen eine zentrale Rolle, da sie es ermöglichen, direkt mit Entscheidungsträgern in Kontakt zu treten.

Die Nutzung von Social Selling Tools wie LinkedIn Sales Navigator verbessert die Effizienz und Genauigkeit der Vertriebsaktivitäten. Diese Tools können in CRM-Lösungen native integriert werden (vgl. Abb. 3.4) und bieten direkt aus dem CRM Echtzeit-Einblicke in die Netzwerke und Aktivitäten potenzieller Kontakte, was zu einer besseren Zielgruppenansprache führt. Zudem zeigt die Erfahrung, dass relevante Vertriebsdaten in den sozialen Netzwerken sehr aktuell sind und dadurch auch wertvoll in der Ansprache potenzieller Leads sind.

Automatisierte Workflows und personalisierte Dashboards helfen dabei, den Überblick über alle Social Selling-Aktivitäten zu behalten. Datenschutz und Datensicherheit sind dabei von größter Bedeutung, um die Einhaltung der DSGVO zu gewährleisten. Die kontinuierliche Überwachung und Anpassung

3.6 Modul 6: Lead2Order

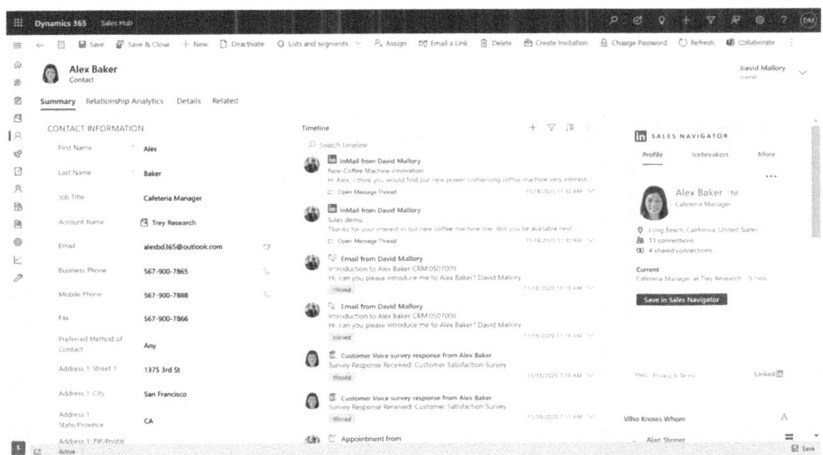

Abb. 3.4 LinkedIn Integration in CRM (LinkedIn, 2025)

der Social Selling-Strategien ist unerlässlich, um den Schutz personenbezogener Daten zu gewährleisten https://www.finivi.com/social-selling-revolution-social-media-transforming-retail-investment-strategies/ (vgl. Jansen, 2024).

Social Selling bietet zahlreiche Vor- und Nachteile, insbesondere wenn es in ein CRM-System integriert wird (vgl. Tab. 3.1).

Insgesamt bietet Social Selling in Kombination mit der Integration von LinkedIn in CRM-Systeme erhebliche Vorteile in Bezug auf Personalisierung und Effizienz, erfordert jedoch eine sorgfältige Planung und Verwaltung, um die damit verbundenen Herausforderungen zu bewältigen.

3.6 Modul 6: Lead2Order

Das Modul „Lead2Order" umfasst den gesamten Prozess von der Lead-Generierung bis zur Auftragserteilung. Dieser End-to-End-Ansatz optimiert die Kundenreise und verbessert die Effizienz im Verkaufs- und Erfüllungszyklus https://dealhub.io/glossary/lead-to-order/ (vgl. DealHub, 2024).

Durch die Integration von CRM-Systemen wie Dynamics 365 und Salesforce können Unternehmen ihre Geschäftsprozesse nahtlos verwalten und Echtzeit-Einblicke in Verkaufsdaten erhalten. Die Automatisierung von Routineaufgaben reduziert den manuellen Aufwand und ermöglicht es den Vertriebsmitarbeitern, sich auf strategische Aufgaben zu konzentrieren.

Tab. 3.1 Vor- und Nachteile von Social Selling und der Integration von LinkedIn in CRM (vgl. Benz, 2025; LinkedIn, 2024)

Vorteile	Nachteile
Einer der größten Vorteile ist die Möglichkeit, **vertrauensvolle Beziehungen** zu potenziellen Kunden aufzubauen. Dies erhöht die Wahrscheinlichkeit, dass Leads in Kunden umgewandelt werden	Einer der größten Nachteile ist die **Abhängigkeit von der Datenqualität.** Wenn die Daten in LinkedIn oder im CRM-System unvollständig oder veraltet sind, können die Ergebnisse von Social Selling und die daraus resultierenden Entscheidungen ungenau sein https://business.linkedin.com/de-de/sales-solutions/social-selling
Ein weiterer Vorteil ist die **Effizienzsteigerung.** Social Selling ermöglicht es Vertriebsmitarbeitern, ihre Zeit effektiver zu nutzen, indem sie gezielt auf die Bedürfnisse und Interessen ihrer Zielgruppe eingehen. Die Integration von LinkedIn in ein CRM-System wie Dynamics 365 oder Salesforce ermöglicht eine nahtlose Nachverfolgung und Verwaltung von Leads und Kundeninteraktionen https://www.omt.de/social-media-marketing/linkedin-als-vertriebskanal/. Dies führt zu einer besseren Organisation und einer höheren Produktivität des Vertriebsteams	Ein weiterer Nachteil ist die **Komplexität der Integration.** Die Implementierung und Wartung von Social Selling-Strategien und deren Integration in CRM-Systeme kann komplex und ressourcenintensiv sein. Dies erfordert spezialisierte Kenntnisse und kontinuierliche Anpassungen, um die Systeme effektiv zu nutzen. Einige CRM-Lösungen bieten eine Standardintegration von LinkedIn
Darüber hinaus bietet die Integration von LinkedIn in CRM-Systeme wertvolle **Einblicke in die Vertriebsleistung.** Vertriebsmitarbeiter können sehen, welche ihrer Kontakte am aktivsten sind und welche Inhalte am meisten Engagement erzeugen. Diese Daten können genutzt werden, um die Vertriebsstrategien zu optimieren und die Effizienz zu steigern	Datenschutz ist ebenfalls ein wichtiger Aspekt. Die **Nutzung großer Mengen an Kundendaten** wirft Datenschutz- und Sicherheitsfragen auf. Unternehmen müssen sicherstellen, dass sie die Datenschutzbestimmungen einhalten und die Daten ihrer Kunden schützen https://business.linkedin.com/de-de/sales-solutions/social-selling

KI-gestützte Funktionen verbessern die Vorhersagegenauigkeit und bieten personalisierte Analysen, die auf die individuellen Bedürfnisse der Nutzer zugeschnitten sind. Die Integration von IoT-Daten in den Lead2Order-Prozess bietet Echtzeit-Kundeneinblicke und verbessert die Kundeninteraktionen unter Berücksichtigung von Datenschutz und Datensicherheit.

3.6 Modul 6: Lead2Order

IT-Anbieter wie Microsoft und Salesforce bieten verschiedene KI-Assistenten, die den Lead2Order-Prozess optimieren können. Diese KI-Assistenten automatisieren Routineaufgaben, analysieren Verkaufsdaten und bieten prädiktive Analysen, um das Kundenverhalten vorherzusagen.

Hier sind einige spezifische Möglichkeiten, die Microsoft bietet (vgl. Whalin, 2024, Spataro, 2024):

- **Azure AI Agent Service:** Diese Plattform ermöglicht die Entwicklung und Bereitstellung sicherer, autonomer KI-Agents, die Geschäftsprozesse automatisieren können. Sie integriert die neuesten Modelle und Technologien von Microsoft, OpenAI und anderen führenden Partnern. Azure AI Agent Service kann Routineaufgaben wie die Lead-Erfassung und -Qualifizierung automatisieren, Verkaufsdaten analysieren und prädiktive Analysen bieten, um das Kundenverhalten vorherzusagen.
- **Copilot Studio Assistenten:** Mit Copilot Studio können Unternehmen autonome KI-Assistenten erstellen, die Geschäftsprozesse unterstützen. Diese Assistenten können alles von der Lead-Generierung bis zur Verarbeitung von Verkaufsaufträgen beschleunigen. Copilot Studio ermöglicht es, KI-Assistenten zu erstellen, die auf den Kontext der Arbeitsdaten in Microsoft 365 Graph, Dataverse und Fabric zugreifen und so die Effizienz und Genauigkeit im Lead2Order-Prozess verbessern.
- **Dynamics 365 Assistenten:** Diese Assistenten sind speziell darauf ausgelegt, Vertriebs-, Service-, Finanz- und Lieferkettenteams zu unterstützen. Sie können Verkaufschancen automatisch qualifizieren, personalisierte Engagement-Strategien entwickeln und Echtzeit-Einblicke in Kundeninteraktionen bieten. Dies reduziert administrative Aufgaben und verbessert die Nutzung der Vertriebsressourcen.
- **AI-Agents als kommerzielles Produkt:** Diese von IT-Implementierungsunternehmen angebotenen KI-Assistenten bieten beispielsweise Funktionen wie Lead-Scoring, Chat-on-your-own-data und Customer Insights. Lead-Scoring mit AI hilft, Leads zu erkennen, zu klassifizieren und zu priorisieren, was den Verkaufszyklus verkürzt. Customer Insights bietet eine 360-Grad-Kundensicht mit KI-Unterstützung, die Informationen aus dem CRM und anderen Quellen in aussagekräftige Kundenprofile umwandelt.

All diese KI-Assistenten tragen dazu bei, den Lead2Order-Prozess effizienter und effektiver zu gestalten, indem sie Routineaufgaben automatisieren, wertvolle

Einblicke bieten und die Zusammenarbeit zwischen verschiedenen Abteilungen fördern.

3.7 Modul 7: Intelligentes Inputmanagement

E-Mails, Rechnungen, Anfragen – die tägliche Flut an Informationen kostet Unternehmen wertvolle Ressourcen. Konkret lässt sich ableiten, dass die manuelle Verarbeitung einer einzigen E-Mail im Schnitt 10 bis 15 min dauert. Hochgerechnet auf eine Arbeitswoche bedeutet das, dass Mitarbeitende bis zu 25 % ihrer Zeit allein mit dem Bearbeiten von Eingängen verbringen.

Für Manager ist das ein massiver Produktivitätsverlust. Wertvolle Arbeitszeit fließt in Routineaufgaben statt in strategische Entscheidungen und Wertschöpfung. Doch es gibt eine Lösung: KI-basiertes Input Management reduziert diese Prozesse auf wenige Sekunden – durch Automatisierung, KI-gestützte Klassifizierung und effiziente Workflows.

Einerseits können so in Zeiten des Fachkräftemangels für Mitarbeitende Freiräume geschaffen werden, um sich auf komplexere Sachverhalte zu fokussieren. Dies hat zudem einen positiven Einfluss auf die Mitarbeiterzufriedenheit. Andererseits beeinflusst ein solches System zudem die Effizienz und Effektivität der Unternehmenskommunikation. Beispielsweise kann auf schriftliche Kundenanfrage per E-Mail innerhalb von Minuten, nicht nur mit einer Eingangsbestätigung, sondern mit einer auf die Anfrage zugeschnittenen Antwort, wie z. B. konkreten Rückfragen zu ausstehenden Informationen zur weiteren Prozessierung geantwortet werden.

Es ermöglicht Unternehmen, die kontinuierlich steigende Anzahl von eingehender Kommunikation und die damit verbundenen großen Datenmengen effizient zu verarbeiten. Basierend auf dieser Eingangsverarbeitung beziehungsweise Klassifikation können die zur weiteren Prozessierung der Anfrage relevanten Daten extrahiert und bereitgestellt werden. (vgl. Jordan, 2023; Günther & Praeg, 2023).

Das Modul „KI-basiertes Inputmanagement" umfasst den Prozess vom Erhalt unstrukturierter Daten bis hin zum Qualifizierungsprozess inklusive der Transformation hin zu strukturierten Daten.

Ein modernes und auf künstlicher Intelligenz basierendes IPM unterstützt demzufolge bei der Orchestrierung der Flut an Informationen. Diese werden über verschiedene analoge, digitale oder schriftliche Sprachkanäle empfangen. Das Filtern und Strukturieren dieser Informationen sind typische manuelle Routineaufgaben, welche durch ein IPM automatisiert ausgeführt werden können. (vgl. Büscher, 2023).

3.7 Modul 7: Intelligentes Inputmanagement

Demzufolge wird unter einem IPM ein zentrales Instrument innerhalb des Vertriebsprozesses verstanden. Dieses unterstützt den Vertrieb und die daran angrenzenden Unternehmensbereiche, wie z. B. den Kundenservice, die eigehende unstrukturierte Kommunikation in einen strukturierten Datensatz zur Weiterverarbeitung zu transformieren. Diese Transformation umfasst die automatisierte Erfassung, Klassifizierung der Anfragearten und die anschließende Extraktion der für die Weiterverarbeitung relevanten Daten (vgl. Geuting, 2022).

Durch den Einsatz von KI und hierbei insbesondere generativer KI können die eingehenden Daten effizient verarbeitet werden. Dabei ist die Art des Kommunikationskanals für ein modernes Inputmanagement unabhängig und kann sowohl via Sprache z. B. über einen Anruf oder via Schrift z. B. über eine E-Mail erfolgen.

Ein bidirektionales Inputmanagement ermöglicht es Kunden, flexibel zwischen verschiedenen Kommunikationskanälen zu wechseln. Beispielsweise kann ein Kunde den Status seiner Anfrage per E-Mail validieren, indem er anruft. Ebenso kann ein Unternehmen Rückfragen zu einer schriftlichen Anfrage telefonisch klären oder Fragen zu vorab per E-Mail bereitgestellten Informationen im Chat klären. Diese Kanäle können KI-optimiert bereitgestellt werden, was es dem Kunden ermöglicht, in seiner bevorzugten Sprache und unabhängig von Zeit und Ort zu agieren. Diese Flexibilität verbessert die Kundenzufriedenheit und sorgt für eine nahtlose Kommunikation. Dieser Ansatz unterstützt das Unternehmen, trotz steigenden Kostendrucks und Fachkräftemangel, eine Steigerung des Kundenservices in Kombination mit einer Erhöhung der Qualität und Geschwindigkeit bei der Bearbeitung Kundenanfragen zu erreichen (Abb. 3.5).

Mittels des Einsatzes von generativer KI und der damit verbundenen Nutzung von Large Language Modellen (LLM) können im Gegensatz zu den etablierten Ansätzen des maschinellen Lernens, welche einen hohen Trainingsaufwand mithilfe von relevanten Beispieldaten bedürfen, vermieden werden. Dies ermöglicht

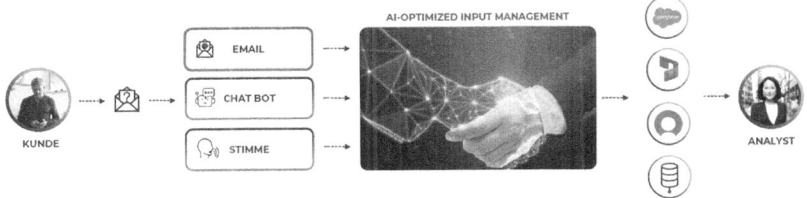

Abb. 3.5 Übersicht KI-basiertes Inputmanagement. (Eigene Abbildung)

eine präzise und kosteneffiziente Etablierung neuer Anfragearten, um auf kurzfristige Marktentwicklungen wie etwa weltwirtschaftliche Ereignisse reagieren zu können.

Demzufolge setzt ein modernes Inputmanagement auf fortschrittliche KI-Technologien wie LLM, Natural Language Processing (NLP), Optical Character Recognition (OCR) zur automatischen Umwandlung von gedruckten oder handgeschriebenen Dokumenten in maschinenlesbaren Texte, Bilder und Co. Diese Technologien ermöglichen die Klassifizierung, Kategorisierung und Extraktion und Validierung relevanter Informationen aus unstrukturierten Daten (vgl. Rauch, o. J.).

Die vorbenannten Eigenschaften eines modernen IPM sind entscheidende Vorteile gegenüber bisherigen Ansätzen zur Verarbeitung unstrukturierter Daten. Unter der Nutzung von generativer künstlicher Intelligenz ist ein modernes IPM in der Lage, den Kontext von eingehenden Anfragen zu verstehen. Wo bisherige Lösungen eingehende Anfragen nach konkreten Schlagworten und/oder Strukturen analysiert haben, ist ein modernes IPM in der Lage, den inhaltlichen Sachverhalt zu erfassen und daraufhin relevante Daten zu identifizieren (Abb. 3.6).

> **Das nachfolgende Beispiel soll dabei helfen, die vorbenannte Logik greifbar zu machen**
>
> Ein Kunde sendet beispielsweise eine E-Mail an seine Versicherung. In dieser E-Mail teilt der Kunde im Fließtext mit, dass er a) einen KFZ-Haftpflichtschaden melden und b) die Änderung seiner Wohnadresse mitteilen möchte. Die E-Mail des Kunden ist sehr kurz gehalten. So beschreibt er weder Einzelheiten zum gemeldeten Autounfall noch zu seiner neuen Adresse. Er

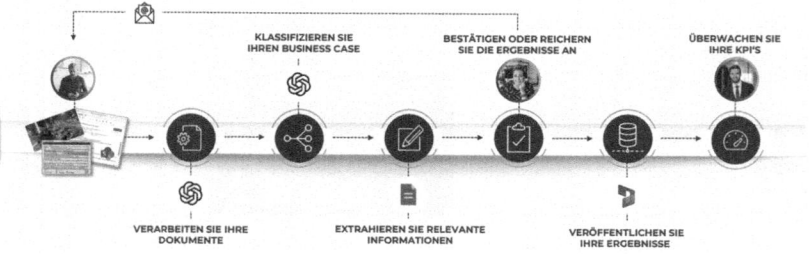

Abb. 3.6 Prozessablauf KI-basiertes Inputmanagement. (Eigene Abbildung)

3.7 Modul 7: Intelligentes Inputmanagement

verweist stattdessen auf die PDF-Datei, die der E-Mail beigefügt ist. Innerhalb dieses Anhanges hat der Kunde eine handschriftliche Kopie des Unfallberichtes der Polizei sowie eine beidseitige Kopie seines neuen Personalausweises beigefügt.

Unser menschliches Gehirn versteht sofort, dass der Unfallbericht zur Anfrage a) und der Personalausweis zur Anfrage b) gehört. Etablierte IPM-Ansätze kommen aus verschiedenen Gründen mit dieser für unser menschliches Gehirn einfachen nachvollziehbaren E-Mail an ihre Leistungsgrenzen. Diese Ansätze sind auf typische Strukturen und Analogien trainiert. Diese E-Mail hält jedoch einige Herausforderungen bereit.

Einerseits entspricht die E-Mail keiner erwartbaren Struktur, wie z. B. der stichpunktartigen Auflistung der alten und neuen Adresse zu eineindeutigen Identifikation des Kundenanliegens innerhalb des Fließtextes. Andererseits sind die Zusatzinformationen (Unfallbericht und Personalausweis) in einem Anhang zusammengefasst und können somit im ersten Schritt nicht eineindeutig zugeordnet werden. Darüber hinaus beinhaltet der Anhang zudem einen handschriftlichen Bericht. Entscheidend ist, dass die Anliegen des Kunden zwar im Fließtext dargelegt sind, jedoch keine zur Prozessierung relevanten Daten aufgeführt werden, sondern diese ausschließlich im Anhang enthalten sind.

Ein modernes IPM versteht durch die Nutzung eines GPT-Modells den Kontext und kann aufgrund des Fließtextes in einem ersten Schritt die beiden Anliegen identifizieren. In einem weiteren Schritt ist möglich, die PDF zu splitten und entsprechend ihrer Relevanz die beiden Dokumente den zuvor identifizierten Anliegen zuzuordnen. In diesem Zusammenhang können zudem Fotos (z. B. vom Unfallort) oder handschriftliche Dokumente ausgelesen, in maschinenlesbare Texte umgewandelt, relevante Daten extrahiert und oder zusammengefasst werden.

Im Grunde agiert ein modernes IPM analog der Arbeitsweise unseres menschlichen Gehirnes und verfügt zudem über eine sehr vorteilhafte Kombination. Effizienz und Skalierbarkeit. Ein Mensch benötigt rund 10–15 min, um die beispielhaft skizzierte E-Mail inkl. ihrer Anfragen nachzuvollziehen und entsprechende Vorgänge mit den jeweils relevanten Daten und Anhängen zur erstellen. Ein modernes IPM erledigt die Gesamtheit aller Arbeitsschritte in rund 30 s. Bei Bedarf bearbeitet dieses cloud- und KI-basierte IPM parallel Hunderte Anfragen und ermöglicht den Mitarbeiter wertvolle Freiräume, um sich mit wertschöpfenden und komplexen Tätigkeiten zu befassen. ◄

Erweiternd dazu kann durch die automatische Extraktion von Daten aus den E-Mails eine automatisierte Übertragung der relevanten Daten je Anfrage abgedeckt werden. Diese Automatisierung führt zu einer kontinuierlichen Anreicherung der Datenbasis und vermeidet zudem Fehleingaben, welche mit manuellen Dateneingaben einhergehen (vgl. Binckebanck et al., 2023).

Diese verbesserte Datenbasis kann dann für kundenspezifischen Marketing- und Vertriebskampagnen verwendet werden. Im Zusammenschluss mit historischen Daten können zudem Trends und Muster abgeleitet werden, um marketing-, service- und vertriebsorientierte Strategien abzuleiten. Neben den vorbenannten wertschöpfenden Vorteilen, die sich durch den Einsatz eines modernen IPM ableiten lassen, können zudem aktiv Personalkosten optimiert werden, da weniger Ressourcen für repetitive Aufgaben wie die Klassifikation von E-Mails benötigt werden und so mehr Zeit für wertschöpfende Tätigkeiten vorgehalten werden.

Beispiel

Das nachfolgende vereinfachte Rechenbeispiel soll das Optimierungspotenzial verdeutlichen und aufzeigen, wie der Anteil an vertriebsaktiver Zeit bzw. Freiraum für die Erledigung komplexer Tätigkeiten gesteigert werden kann

Erfahrungswerte

- Manuelles Prozessieren, aktives Lesen und Analysieren einer E-Mail durch einen Mitarbeitenden dauert rund 10–15 min
- Sämtliche Arbeitsschritte können durch ein modernes KI-basiertes Inputmanagement innerhalb von 5–60 s erfolgen

Variablen

- Verarbeitung von 10.000 E-Mails pro Jahr bei einer konservativ angenommenen erfolgreichen, via KI automatisierten, Verarbeitungsrate von 75 %
- Minimalwert für manuelle Verarbeitung: 10 min
- Maximalwert für KI-basierte Verarbeitung: 1 min
- 8 Arbeitsstunden pro Tag

3.7 Modul 7: Intelligentes Inputmanagement

Berechnung

- (((10 min. -1 min.) x (10.000 E-Mails × 75 %)): 8 Std. = **ca. 140 Arbeitstage**◄

Ein solches System kann beispielsweise auf Basis der Funktionalitäten der Microsoft-Plattform konzipiert werden. Dies hat in der Regel den Vorteil, dass keine weiteren Technologieanbieter beziehungsweise Drittlösungen in die bestehende IT-Infrastruktur integriert werden müssen. Das erleichtert sowohl die Implementierung als auch die mit der Implementierung, mit dem Betrieb und der Weiterentwicklung verbundenen Kosten. Zudem lassen sich durch die Nutzung von Microsoft Azure und Azure Open AI die datenschutzrechtlichen Restriktionen einhalten.

Die Zukunft eines modernen IPM liegt zudem in der bi-direktionalen Omnikanal-Verfügbarkeit. Neben der KI-basierten Verarbeitung von eingehender schriftlicher Kommunikation via E-Mail, Brief oder Chatbot kommt den sprachbasierten Kanälen z. B. via Telefon eine hohe Bedeutung zu. Auch innerhalb dieses Kanals ist der Fortschritt von sprachbasierte KI-Assistenten enorm. Analog der zuvor beschriebenen Verfahrensweise eines modernen IPM sind diese Voice-Assistenten bereits in der Lage, den Kontext einer Konversation zu verstehen und ein natürlichsprachliches Gespräch mit einem Kunden zu führen. Besonders mehrwertig ist die Kombination der Ein- und Ausgangskanäle, indem das Inputmanagement und Voice Assistent auf dieselbe Datengrundlage zugreift. Mit Blick auf die Kundenbeziehung kann bi-direktionales und KI-basiertes Kundenerlebnis etabliert werden.

Rückblickend auf das zuvor geschilderte Beispiel kann der Kunde beispielsweise auf Basis einer von der Versicherung via E-Mail entgegneten Rückfrage aktiv per Anruf antworten. Der sprachbasierte Assistent kann aktiv die zur weiteren Prozessierung fehlenden Details erfragen und eventuelle Rückfragen beantworten und ggf. Cross- und Up-Selling-Potenziale identifizieren. Des Weiteren ermöglicht ein modernes Inputmanagement zudem eine zeit-, ort- und sprachunabhängige Bereitstellung des Kundenservice. Ein modernes Inputmanagement ist 24/7 in der vom Kunden präferierten Sprache verfügbar.

3.8 Modul 8: 360-Grad-Kundensicht & Sales Battle Card

In Zeiten des wachsenden Konkurrenzdrucks durch Marktteilnehmer aus dem In- und Ausland und dem damit verbunden Preisdruck wächst zudem der Bedarf an individuellen Kundenansprachen. Hinzu kommt der steigende Zeitdruck, welcher nur eine reduzierte Vorbereitungszeit vor Kundenterminen zunimmt. Mithilfe der Integration einer 360-Grad-Kundensicht sowie einer Sales Battle Card in die Kundeninteraktion kann der Vertrieb aktiv bei der Entwicklung einer effektiven und effizienten kundenindividuellen Ansprache und Argumentation unterstützt werden. Beides sind zentrale Komponenten innerhalb einer modernen Vertriebssteuerung (vgl. Klue, 2024).

Im Zusammenhang mit einem modernen Customer Relationship Managements (CRM) wird unter einer 360-Grad-Kundensicht die Integration und Analyse von Kundenprofilen verstanden. Diese Profile werden mithilfe verschiedener Datenquellen erhoben. Dieser Überblick unterstützt im Vertrieb die Gesamtheit der historischen Kundeninteraktionen zu betrachten und somit Kundenpräferenzen und -verhalten abzuleiten (vgl. Kersanske, 2024). Des Weiteren unterstützen Echtzeit-Updates und -Analysen bei der Entwicklung personalisierte Vertriebsstrategien (vgl. Abb. 3.7).

Analog zur 360-Grad-Kundensicht handelt es sich bei der Sales Battle Card ebenfalls um ein zentrales Instrument innerhalb eines modernen CRM, welches sich durch einen umfassenden Überblick über die Wettbewerber sowie aktuelle Kundenbedürfnisse und -herausforderungen auszeichnet. Beispielsweise werden konkrete Produktvorteile herausgestellt, welche als Argumentationshilfen in Verkaufsgesprächen angewandt werden können (vgl. Abb. 3.8). Außerdem unterstützen Sales Battle Cards bei der Einwandbehandlung, beispielsweise in Form von Antworten auf häufige Rückfragen und Vergleiche mit Wettbewerbsprodukten (vgl. Pajkovic, 2024). Zudem sind Informationen zu aktuellen Markttrends integriert, sodass im vertrieblichen Kontext im Kundentermin auf eine fundierte Basis zurückgegriffen werden kann.

Die beiden vorbenannten Komponenten sind eng mit einem klassischen Customer Relationship Management-System verbunden, welches hier zudem als zentrale Datenplattform dient. In diesem Zusammenhang kommt einem CRM-System, welches cloudbasiert betrieben wird, eine hohe Wichtigkeit zu, da es die notwendige Flexibilität und Skalierbarkeit z. B. zur Bereitstellung von vertrieblich relevanten Daten in Echtzeit oder zur nativen Integration der vorbenannten Komponenten ermöglicht (vgl. Pufahl, 2018).

3.8 Modul 8: 360-Grad-Kundensicht & Sales Battle Card

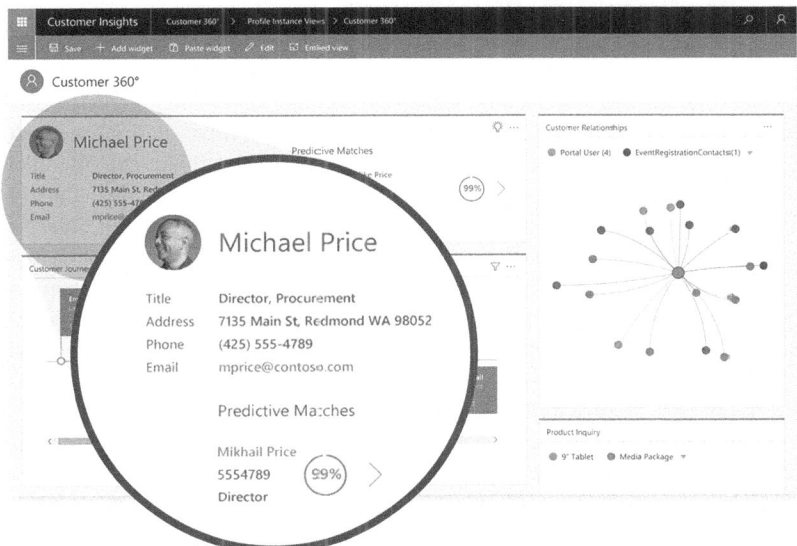

Abb. 3.7 360 Grad Kundensicht mit AI Elementen (Microsoft, 2025)

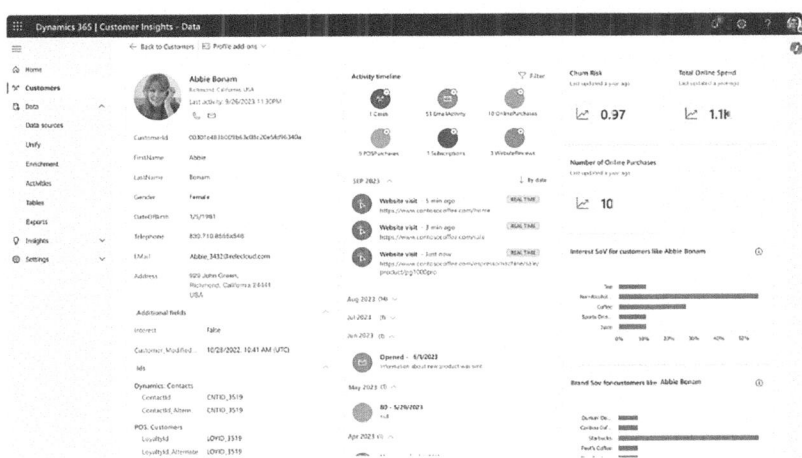

Abb. 3.8 Beispiel Sales Battle Card (vgl. Microsoft, o. J.)

3.9 Modul 9: Digitale Copiloten

Der Beginn der Nutzung von generativer künstlicher Intelligenz war in der Vergangenheit häufig von interaktiven Chatbots geprägt. Diese intelligenten Assistenten wurden zur schnellen und interaktiven Informationsbeschaffung genutzt. Die Wissensquellen für diese Interaktionen basierten in der Regel auf öffentlich zugänglichen Daten, die aus dem Internet stammen. Durch die native Integration von KI-basierten Assistenten, wie z. B. den Microsoft Copilot-for-Sales, in den digitalen Vertriebsarbeitsplatz können wertvolle Effizienzsteigerungen realisiert werden (vgl. Mauri, 2024). Diese sogenannten Copiloten können im vertrieblichen Kontext zur automatisierten Datensatzzusammenfassung sowie zur Nachverfolgung von Änderungen von Datensätzen verwendet werden (vgl. Abb. 3.9).

Beispielsweise wird darunter die Zusammenfassung eines Mailverlaufs zwischen Kunden und Mitarbeiter sowie die automatische Generierung eines Textes zur Beantwortung einer Anfrage verstanden. Anbei einige Beispiele:

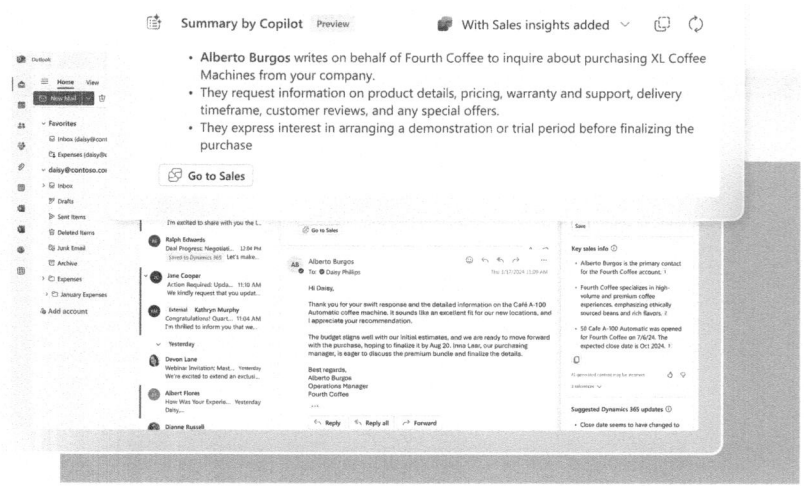

Abb. 3.9 Beispiel: Microsoft Copilot for Sales (Microsoft 2 o. J.)

3.9 Modul 9: Digitale Copiloten

1. „Kannst du mir helfen, eine Antwort auf die Anfrage von [Kundenname] bezüglich der Produktverfügbarkeit zu formulieren?"
2. „Wie kann ich am besten auf die Beschwerde von [Kundenname] über die Lieferverzögerung reagieren?"
3. „Welche Informationen sollte ich in meiner Antwort auf die Preisanfrage von [Kundenname] einbeziehen?"
4. „Kannst du mir eine höfliche Antwort auf die Rückfrage von [Kundenname] zu den Vertragsbedingungen erstellen?"
5. „Wie kann ich [Kundenname] am besten über die neuen Funktionen unseres Produkts informieren?"
6. „Welche Argumente kann ich in meiner Antwort verwenden, um [Kundenname] von einem Upgrade zu überzeugen?"
7. „Kannst du mir helfen, eine Antwort auf die Anfrage von [Kundenname] nach einem Rabatt zu formulieren?"
8. „Wie kann ich [Kundenname] am besten für sein Feedback danken und gleichzeitig auf seine Verbesserungsvorschläge eingehen?"

Ergänzend dazu können diese Assistenten auch bei der Vorbereitung eines Kundentermines helfen, indem aus dem CRM-System relevanten Daten und Informationen identifiziert und analysiert werden. Zudem helfen diese Copiloten dabei, den Mailverlauf mit einem neu anzulegenden oder bereits vorhandenen Vorgang im CRM zu verknüpfen und sukzessive weiterzuverfolgen. Diese Funktionalitäten sind in diesem Zusammenhang nicht auf die Kommunikation via E-Mail beschränkt. Vielmehr unterstützen diese intelligenten Assistenten auch innerhalb des CRM, indem diese ausgehend von der aktuellen Aktivität mit Handlungsempfehlungen oder als Sparring-Partner zur Beantwortung von Fragen bereitstehen (vgl. Riley, 2024). Anbei einige Beispiele:

1. „Welche Kunden haben in den letzten 30 Tagen keine Rückmeldung gegeben?"
2. „Kannst du mir die Verkaufszahlen für das letzte Quartal anzeigen?"
3. „Welche Leads sind am vielversprechendsten basierend auf den letzten Interaktionen?"
4. „Erstelle eine Zusammenfassung der letzten E-Mail-Konversationen mit [Kundenname]."
5. „Welche Produkte haben sich in diesem Monat am besten verkauft?"
6. „Gibt es offene Aufgaben oder Follow-ups, die ich heute erledigen muss?"
7. „Kannst du mir eine Liste der Kunden anzeigen, die an unserem neuen Produkt interessiert sind?"

8. „Welche Kunden haben in den letzten 6 Monaten die meisten Umsätze generiert?"

Die vorausgehenden Beispiele visualisieren die Einsatzmöglichkeiten im Vertrieb. Diese reichen von der Bearbeitung von Kundenanfragen bis hin zur Unterstützung komplexer Vertriebsstrategien. Dadurch werden Vertriebsmitarbeiter entlastet und der Anteil der vertriebsaktiven Zeit wird positiv beeinflusst. Zudem führt die gezielte Vorbereitung und Identifikation von priorisierten Verkaufschancen zu einer höheren Erfolgsquote bei Verkaufsgesprächen.

Sofern die Interaktion bzw. die Anforderungen an die Nutzung über die vorausgehenden allgemeinen Funktionen hinausgeht, kann dies durch erweiterte KI-basierte Chat-on-your-data-Ansätze erreicht werden.

Diese ermöglichen eine tiefere Integration und Verwendung firmeneigener Daten. Mittels dieser können spezifische und individuelle Antworten auf komplexe Sachverhalte, wie beispielsweise die Validierung von Verträgen zur Einhaltung gesetzlicher und unternehmensinterner Richtlinien oder Dokumentenvergleiche zwischen einzelnen Verträgen bereitgestellt werden. Die Nutzung solcher Cloud-Lösungen z. B. auf Basis von Microsoft Azure Open AI oder Microsoft Copilot Studio ermöglicht zudem, diese Technologien schnell und kosteneffizient innerhalb ganzer Organisationen zu implementieren und sukzessive zu skalieren (vgl. Vergadia, 2024). Anbei vertriebsorientierte Beispiele:

1. **Kundensupport und -beratung:** Ein Chatbot kann auf Basis der firmeneigenen Datenbank Kundenanfragen beantworten, Produktempfehlungen geben und technische Unterstützung bieten. Dies verbessert die Kundenzufriedenheit und entlastet das Support-Team.
Vertriebsmitarbeiter-Unterstützung: Ein interner Chatbot kann Vertriebsmitarbeitern schnellen Zugriff auf relevante Informationen wie Produktdetails, Preislisten und Verkaufsstatistiken bieten. Dies erleichtert die Vorbereitung auf Kundengespräche und verbessert die Effizienz.
2. **Automatisierte Vertragsanalyse:** Ein KI-gestütztes Tool kann Verträge und Dokumente analysieren, um wichtige Klauseln hervorzuheben und Rückfragen zu Vertragsbedingungen zu beantworten. Dies spart Zeit und reduziert das Risiko von Missverständnissen.
3. **Dokumentenvergleich und -versionierung:** Ein System kann verschiedene Versionen eines Dokuments vergleichen und Änderungen hervorheben. Dies erleichtert es Vertriebsmitarbeitern, die neuesten Vertragsbedingungen zu überprüfen und sicherzustellen, dass alle Änderungen korrekt übernommen wurden.

4. **Automatisierte Angebots- und Rechnungsstellung:** Ein System kann automatisch Angebote und Rechnungen basierend auf den Kundendaten und den vereinbarten Vertragsbedingungen erstellen. Dies reduziert den administrativen Aufwand und beschleunigt den Verkaufsprozess.
5. **Wissensdatenbank und FAQ-System:** Eine zentrale Wissensdatenbank kann häufig gestellte Fragen und Antworten zu Produkten, Dienstleistungen und internen Prozessen enthalten. Vertriebsmitarbeiter können schnell auf diese Informationen zugreifen, um Kundenanfragen effizient zu beantworten.

Trotz der gesteigerten Komplexität lassen sich diese Anwendungsfälle nativ in ein modernes CRM wie z. B. Microsoft Dynamics 365 und Salesforce und Co integrieren.

3.10 Modul 10: Digitale Gesprächsvor- und Nachbereitung

Intelligente Möglichkeiten zur Unterstützung von Vertriebsmitarbeitern bei der Gesprächsvor- und Nachbereitung bieten KI-basierte Sprach- und Chatbots. Mittels einer nativen Integration in ein modernes System kann eine effiziente und effektive Kundeninteraktion gewährleisten werden (vgl. Lung, 2024B).

Insbesondere Sprachbots beziehungsweise Voice-AI-Agents stellen eine wertvolle Assistenz für Vertriebsmitarbeiter dar, da beispielsweise die Reisezeit aktiv zur Gesprächsvor- und Nachbereitung genutzt werden kann. Der Vertriebsmitarbeiter kann in Rahmen der Gesprächsvorbereitung mit einem Voice Agent telefonieren, um wertvolle Informationen über die bisherige Kundenbeziehungen sowie zurückliegende Ereignisse zu erhalten. Als Datenquelle dient in der Regel ein modernes CRM-System, welches die Daten kontinuierlich aktualisiert (vgl. Pant, 2024).

Anbei jeweils ein praxisorientiertes Beispiel für eine sprachbasierte Gesprächsvor- und Nachbereitung:

a) **Sprachbasierte Gesprächsvorbereitung:** Herr Müller, Vertriebsmitarbeiter ist auf dem Weg zu einem wichtigen Kundentermin. Ein Voice Agent beginnt die Kommunikation: „Guten Morgen, Herr Müller. Ihr heutiger Termin ist mit Frau Schmidt von der ABC GmbH. Beim letzten Treffen vor drei Monaten wurde über eine mögliche Erweiterung des Servicevertrags gesprochen. Frau Schmidt zeigte Interesse an dieser Erweiterung. In der Zwischenzeit wurden zusätzliche kostenpflichtige Serviceleistungen abgerufen, welche in der Erweiterung inkludiert sind." Diese Art der Vorbereitung ermöglicht es dem Vertriebsmitarbeiter, gut informiert und vorbereitet in den Kundentermin einzusteigen.

b) **Sprachbasierte Gesprächsnachbereitung:** Nach dem Gespräch kann Herr Müller den Voice Agent nutzen, um einen Besuchsbericht zu erstellen. In der Konversation könnte ein Besuchsbericht durch den Voice Agent aktiv erhoben werden: „Wie verlief das Meeting? Welche Themen wurden besprochen?" Auch kann ein intelligenter Voice Agent aktiv nach den im Rahmen der Gesprächsvorbereitung Upselling-Potenzial nachfragen und auf Basis der Antwort Folgeaktivitäten im CRM initiieren. Dies erleichtert die Dokumentation und stellt sicher, dass alle relevanten Informationen für zukünftige Interaktionen verfügbar sind.

Neben KI-basierten Sprachbots können zudem KI-basierte Chatbots aktiv bei der Gesprächsvor- und Nachbereitung unterstützen. In Abhängigkeit zur Präferenz des Vertriebsmitarbeiters oder dessen räumlichen Umfeld, wie z. B. einer Anreise mit der Bahn, kann auch eine schriftliche kontextbasierte Konversation vorteilhaft sein. In diesem Zusammenhang greifen beide Assistenten auf das CRM-System zu und liefern relevante Daten in Echtzeit (vgl. Lung, 2024B).

Anbei jeweils ein praxisorientiertes Beispiel für eine chatbasierte Gesprächsvor- und Nachbereitung:

a) **Chatbasierte Gesprächsvorbereitung:** Herr Müller, Vertriebsmitarbeiter kann den Chatbot aktiv fragen: „Was sind die wichtigsten Vorteile für mein Meeting mit Frau Schmidt von der ABC GmbH, um die Erweiterung des Servicevertrages voranzutreiben?" oder „Erstelle mir eine tabellarische Übersicht über die kommerziellen Bausteine des bisherigen Vertrages und der potenziellen Erweiterung." Diese Informationen helfen dem Vertriebsmitarbeiter, sich gezielt auf das Gespräch vorzubereiten. Erweiternd dazu können mithilfe des Chatbots auch Übersichten, Reportings und ähnliches erstellt werden, um diese aktiv im Verkaufsgespräch einzusetzen.

b) **Chatbasierte Gesprächsnachbereitung:** Herr Müller kann nach dem Gespräch den Chatbot nutzen, um beispielsweise angelehnt an die vorausgehenden Beispiele den erfolgreichen Verkauf der Erweiterung des Servicevertrages nachzubereiten. Der Chatbot könnte den Vertriebsmitarbeiter fragen: „Gibt es spezifische Aufgaben, die nachverfolgt werden müssen? Soll eine E-Mail mit einer Zusammenfassung des Meetings an den Kunden gesendet werden?" Sämtliche Aufgaben können automatisch an der Kundenbeziehung bzw. dem Verkaufsvorgang im CRM-System dokumentiert werden, sodass keine wichtigen Informationen verloren gehen.

Die Integration von intelligenten sprach- und chatbasierten Assistenten mit CRM-Systemen über standardisierte Applikationsschnittstellen bietet zahlreiche Vorteile. Dadurch wird eine nahtlose Datenübertragung ermöglicht. Diese stellt alle Informationen zentral und leicht zugänglich zur Verfügung. Neben einer Verbesserung der Effizienz wird zudem auch die Qualität der Kundeninteraktionen gesteigert.

3.11 Modul 11: Lead Scoring

Das Modul KI-basiertes Lead Scoring revolutioniert die Art und Weise, wie Leads bewertet und priorisiert werden. Diese nutzen generative KI, um historische Daten zu analysieren und Muster zu erkennen, die auf die Kaufwahrscheinlichkeit eines Leads hinweisen https://www.qualimero.com/blog/ki-lead-scoring-b2b-vertrieb (vgl. Lung, 2024A).

Diese Modelle berücksichtigen verschiedene Datenpunkte wie Unternehmensmerkmale, Interaktionsverhalten und demografische Informationen. Im Vergleich zu traditionellen Methoden bieten KI-gestütztes Lead Scorings eine präzisere Vorhersage der Kaufwahrscheinlichkeit, da die Algorithmen kontinuierlich neue Daten integrieren und ihre Bewertungskriterien automatisch verfeinern.

Ein wesentlicher Vorteil des KI-Lead-Scorings ist die Automatisierung der Datenverarbeitung, die manuelle Bewertungsprozesse erheblich reduziert und gleichzeitig die Qualität der Lead-Bewertung erhöht. Dies führt zu einer effizienteren Ressourcenallokation und höheren Abschlussquoten im Vertrieb.

Die Integration von KI in bestehende CRM-Systeme ermöglicht eine nahtlose Einbindung in den Lead2Order-Prozess und verbessert die Zusammenarbeit zwischen Marketing und Vertrieb. Die Resultate eines KI-Lead-Scorings werden dem Vertriebsmitarbeiter direkt im CRM angezeigt werden, um konkrete Maßnahme auf Basis dieses Scorings abzuleiten (Abb. 3.10).

3.12 Modul 12: Next Best Action

Next Best Action-Komponenten (NBA) nutzen generative KI, um die bestmögliche Handlung und potenzielle Vertriebsentscheidungen für jeden Kundenkontakt in Echtzeit zu bestimmen (vgl. Abb. 3.11).

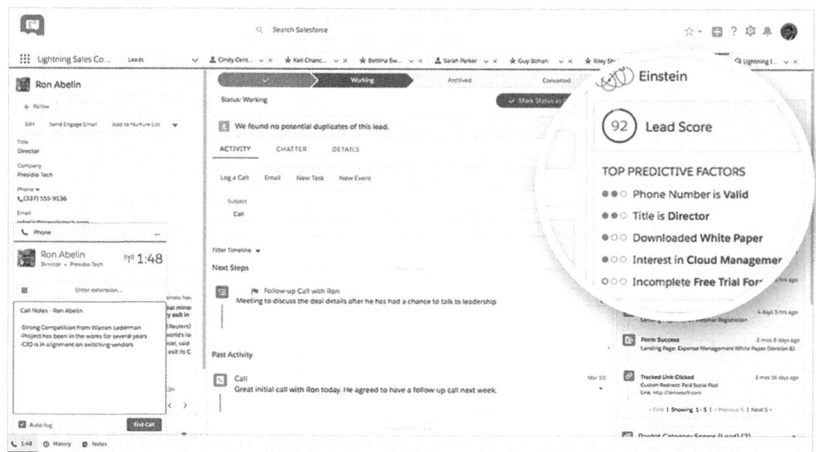

Abb. 3.10 Lead Scoring with Salesforce Einstein (Salesforce, 2025)

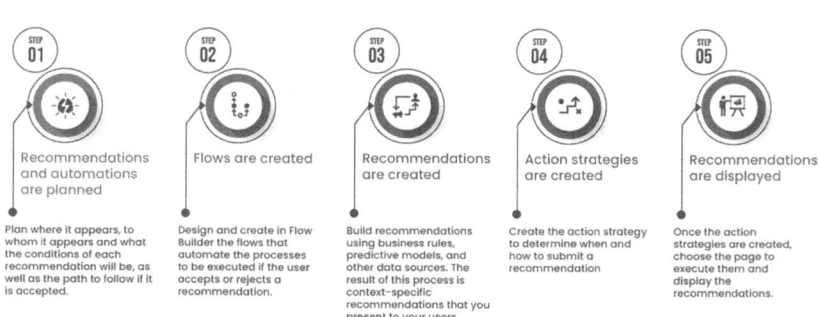

Abb. 3.11 Ablauf der Entscheidungsfindung für Next Best Action (Salesforce, 2025)

Diese Systeme bieten verschiedene NBA-Funktionen, die Unternehmen dabei unterstützen, personalisierte und relevante Kundeninteraktionen zu gestalten. Hier sind einige der wichtigsten Möglichkeiten:

3.12 Modul 12: Next Best Action

1. **Personalisierte Empfehlungen:** NBA-Systeme nutzen generative KI, um personalisierte Empfehlungen für Kunden zu generieren. Dies kann Produkte, Dienstleistungen oder Inhalte umfassen, die auf den individuellen Präferenzen und dem Verhalten des Kunden basieren.
2. **Prädiktive Analysen:** Die Software analysiert historische Daten und aktuelle Kundeninteraktionen, um zukünftige Verhaltensweisen vorherzusagen. Dies ermöglicht es Unternehmen, proaktive Maßnahmen zu ergreifen und Kundenbedürfnisse vorherzusehen.
3. **Segmentierung und Zielgruppenansprache:** NBA-Systeme ermöglichen die Erstellung detaillierter Kundensegmente basierend auf demografischen Daten, Verhaltensdaten und anderen Kriterien. Dies hilft Unternehmen, gezielte Marketingkampagnen zu erstellen und die richtigen Kunden zur richtigen Zeit anzusprechen.
4. **Automatisierte Workflows:** Die Software kann automatisierte Workflows erstellen, die auf bestimmten Kundenaktionen basieren. Zum Beispiel kann ein Workflow ausgelöst werden, wenn ein Kunde eine bestimmte Seite auf der Website besucht oder einen Warenkorb abbricht.
5. **Echtzeit-Einblicke:** NBA-Systeme bieten Echtzeit-Einblicke in Kundeninteraktionen, sodass Unternehmen sofort auf Kundenbedürfnisse reagieren können. Dies verbessert die Kundenzufriedenheit und erhöht die Wahrscheinlichkeit von Konversionen.
6. **Integration mit anderen Systemen:** Die Software lässt sich nahtlos in Lösungen wie Salesforce, Dynamics 365 und Power Platform integrieren, was eine umfassende Sicht auf den Kunden und eine bessere Datenanalyse ermöglicht (vgl. Abb. 3.12).

NBA-Systeme bieten eine Vielzahl von Vorteilen, aber auch einige Herausforderungen. Hier sind die wichtigsten Vor- und Nachteile (vgl. Tab. 3.2):

Insgesamt bieten NBA-Systeme erhebliche Vorteile in Bezug auf Personalisierung und Effizienz, erfordern jedoch eine sorgfältige Planung und Verwaltung, um die Herausforderungen zu bewältigen.

Eine besondere Form der Next Best Action im Vertrieb sind die Produktempfehlungen. Diese sind eine zentrale Komponente moderner Vertriebsstrategien, insbesondere im Zusammenhang mit Customer Relationship Management-Systemen. Diese Empfehlungen liefern gezielte Vorschläge zu Produktvorschlägen für einzelne Kundenbeziehungen. Diese Empfehlungen für Cross- und Upselling sind individuell und basieren auf den bisherigen Kundenpräferenzen und dem Kundenverhalten, welche durch Datenanalysen und Algorithmen prognostiziert werden. Mittels eines Cloud-Ansatzes und der damit einhergehenden

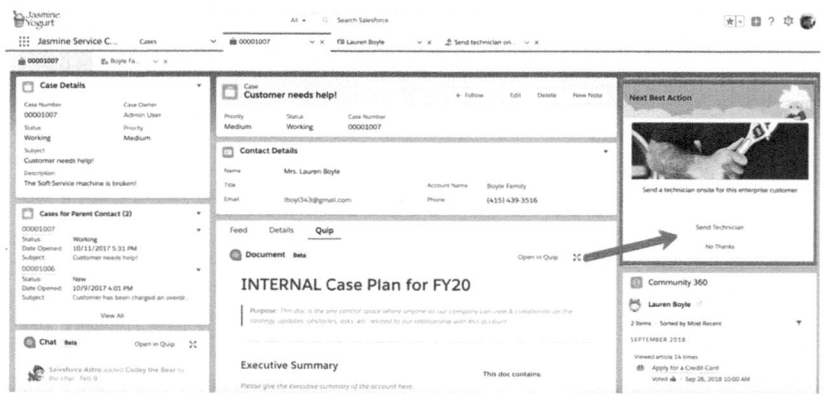

Abb. 3.12 Next Best Action in CRM (Salesforce, 2025)

skalierbaren Infrastruktur können Unternehmen große Datenmengen effizient verarbeiten und in Echtzeit auf aktuelle Kundenbedürfnisse reagieren (vgl. Main, 2024).

Anbei einige typische Merkmale einer Kundenbeziehung, die als Datenquelle für Produktempfehlungen dienen können:

1. **Kaufhistorie:** Informationen über vergangene Käufe und Transaktionen des Kunden.
2. **Kundeninteressen:** Daten über die Interessen und Präferenzen des Kunden, basierend auf Interaktionen und Anfragen.
3. **Kundenfeedback:** Rückmeldungen und Bewertungen, die der Kunde zu Produkten und Dienstleistungen gegeben hat.
4. **Kaufverhalten ähnlicher Kunden:** Analysen des Kaufverhaltens von Kunden mit ähnlichen Profilen und Präferenzen.
5. **Saisonale Trends:** Daten über saisonale Kaufmuster und Trends, die das Kaufverhalten beeinflussen.
6. **Ablaufende Abonnements oder Verbrauchsmaterialien:** Informationen über ablaufende Abonnements oder regelmäßig benötigte Verbrauchsmaterialien.
7. **Demografische Daten:** Daten wie Alter, Geschlecht, Wohnort und andere demografische Merkmale des Kunden.
8. **Cross-Selling-Möglichkeiten:** Daten über Produkte, die häufig zusammen gekauft werden und sich ergänzen.

3.12 Modul 12: Next Best Action

Tab. 3.2 Vor- und Nachteile von Next-Best-Action Systemen (vgl. Wuttke, 2023; Ritter, 2024)

Vorteile	Nachteile
Personalisierung: NBA-Systeme ermöglichen es Unternehmen, personalisierte Empfehlungen und Aktionen für Kunden zu generieren. Dies führt zu einer höheren Kundenzufriedenheit und -bindung	**Datenqualität:** Die Effektivität von NBA-Systemen hängt stark von der Qualität und Aktualität der zugrunde liegenden Daten ab. Unvollständige oder veraltete Daten können zu falschen Empfehlungen führen
Effizienzsteigerung: Durch die Automatisierung von Entscheidungsprozessen und die Nutzung von Datenanalysen können Unternehmen ihre Effizienz steigern und Ressourcen besser nutzen	**Komplexität:** Die Implementierung und Wartung von NBA-Systemen kann komplex und ressourcenintensiv sein. Dies erfordert spezialisierte Kenntnisse und kontinuierliche Anpassungen
Bessere Entscheidungsfindung: NBA-Systeme analysieren große Mengen an Daten und bieten prädiktive Analysen, die Unternehmen helfen, fundierte Entscheidungen zu treffen	**Kosten:** Die Einführung und der Betrieb von NBA-Systemen können hohe Kosten verursachen, insbesondere für kleine und mittelständische Unternehmen
Erhöhte Konversionsraten: Durch die Bereitstellung der richtigen Angebote zur richtigen Zeit können Unternehmer ihre Konversionsraten erhöhen	**Datenschutz:** Die Nutzung großer Mengen an Kundendaten wirft Datenschutz- und Sicherheitsfragen auf, die sorgfältig berücksichtigt werden müssen
Konsolidierung von Daten: Diese Systeme integrieren Daten aus verschiedenen Quellen, was eine umfassende Sicht auf den Kunden ermöglicht und die Personalisierung von Angeboten und Dienstleistungen unterstützt	**Abhängigkeit von Technologie:** Unternehmen, die stark auf NBA-Systeme setzen, können anfällig für technische Störungen und Ausfälle sein

9. **Upselling-Möglichkeiten:** Informationen über höherwertige oder erweiterte Versionen von Produkten, die der Kunde bereits besitzt.
10. **Kundenverhalten auf der Website:** Daten über das Surf- und Suchverhalten des Kunden auf der Unternehmenswebsite.

Auf Basis der erhobenen Merkmale einer Kundenbeziehung, wie z. B. dem bisherigen Kaufverhalten und den abgeleiteten Prognosen lassen sich die verschiedenen Kunden in einzelne Gruppen segmentieren. Resultierend daraus lassen sich Produktempfehlungen ableiten, die auf die spezifischen Interessen und Bedürfnisse des jeweiligen Segmentes abgestimmt sind. Ein KI-gestütztes

System kann diese vielfältigen Datenquellen effizient analysieren und personalisierte Produktempfehlungen ableiten. Dies spart Zeit, erhöht die Genauigkeit der Empfehlungen und verbessert die Kundenzufriedenheit (vgl. Scheiner, 2024).

Diese Produktempfehlungen können durch den Vertrieb aktiv in der Kundeninteraktion genutzt werden, um sofort auf Kundenanfragen zu reagieren und geeignete Produkte vorzuschlagen (vgl. Williams, 2024). Zudem können diese Empfehlungen auch mittels Marketingkampagnen publiziert werden. Mithilfe der kontinuierlichen Berücksichtigung des Kundenfeedbacks, beispielsweise durch die Analyse der Konversationsraten und des Umsatzes, können die einzelnen Segmente stetig optimiert werden und die Genauigkeit und Erfolgswahrscheinlichkeit der Empfehlung gesteigert werden. Demzufolge kann auf Basis dieses personalisierten und datengetriebenen Ansatzes durch die Bereitstellung von als relevant wahrgenommenen Empfehlungen eine Steigerung der Kundenzufriedenheit und -bindung sowie eine Maximierung des Umsatzes erreicht werden.

3.13 Modul 13: Sales Forecasting

In der heutigen Vertriebswelt ist die präzise Vorhersage von Verkaufszahlen entscheidend für den Erfolg eines Unternehmens. KI-Assistenten spielen dabei eine immer wichtigere Rolle. Diese intelligenten Systeme nutzen maschinelles Lernen und Datenanalyse, um genaue Prognosen zu erstellen und Vertriebsmitarbeiter bei der Entscheidungsfindung zu unterstützen. Ein wesentlicher Vorteil von KI- und Machine Learning-gestütztem Sales Forecasting ist die Fähigkeit, große Datenmengen in Echtzeit zu verarbeiten und Muster zu erkennen, die für den Menschen schwer zu identifizieren wären (vgl. Abb. 3.13).

Damit ein KI-basiertes Sales Forecasting erfolgreich ist, müssen die Informationen dem Vertriebsmanager oder -mitarbeiter vereinfacht in seinem CRM oder BI zugänglich sein (vgl. Abb. 3.14). Ein wichtiger Aspekt ist die Transparenz der verwendeten KI-Methoden. Unternehmen müssen verstehen, wie die KI zu ihren Vorhersagen gelangt und welche Grenzen sie hat. Dies fördert das Vertrauen in die Technologie und ermöglicht eine bessere Zusammenarbeit zwischen Mensch und Maschine.

Die Praxis zeigt, dass KI-gestützte Forecasts oft genauer sind als traditionelle Methoden. Sie liefern nicht nur präzisere Vorhersagen, sondern helfen auch dabei, die Effizienz im Vertrieb zu steigern und Ressourcen optimal zu nutzenhttps://unipub.uni-graz.at/obvugrhs/content/titleinfo/7968126/full.pdf (Url, 2022).

KI-basiertes Sales Forecasting bietet sowohl Chancen als auch Risiken, die Unternehmen berücksichtigen sollten (vgl. Tab. 3.3).

3.13 Modul 13: Sales Forecasting

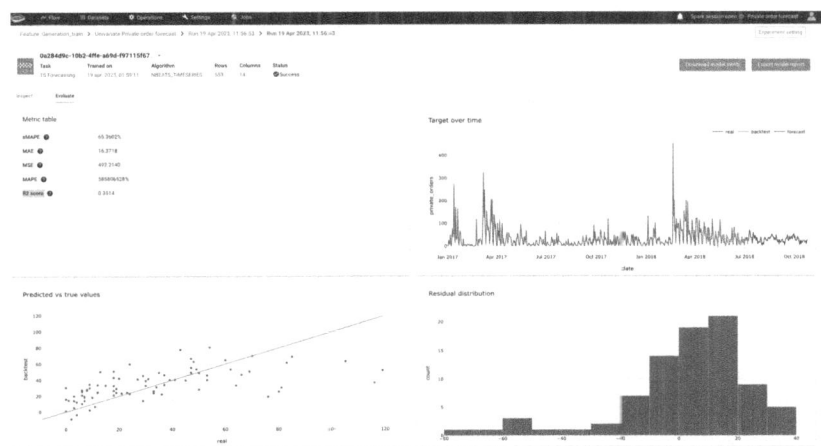

Abb. 3.13 Sales Forecasting mit KI (Datategy, 2025)

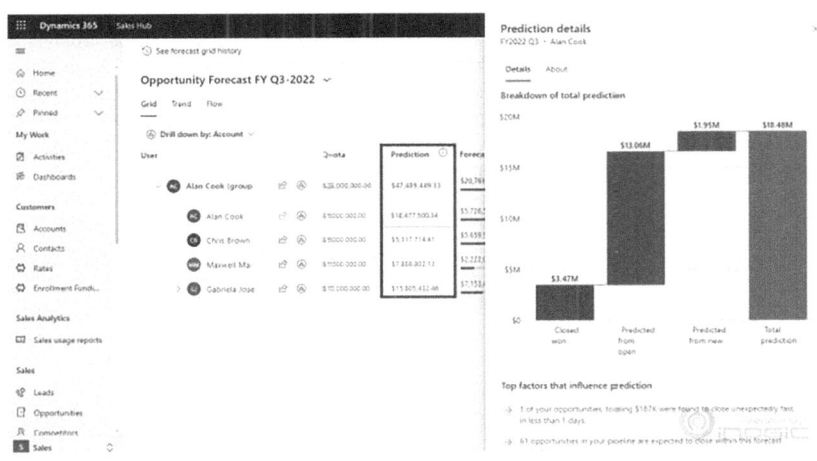

Abb. 3.14 Darstellung des AI Sales Forecasting im CRM (Microsoft, 2025)

Tab. 3.3 Chancen und Risiken von KI-basiertem Sales Forecasting (vgl. Thompson, 2024; Salesken, 2025; Floworks, 2024)

Chancen	Risiken
Genauigkeit: KI-Systeme können große Datenmengen analysieren und Muster erkennen, die für Menschen schwer zu erkennen sind. Dies führt zu präziseren Vorhersagen und hilft Unternehmen, ihre Verkaufsstrategien besser zu planen https://www.copy.ai/blog/ai-for-sales-forecasting	**Datenqualität:** Die Genauigkeit der Vorhersagen hängt stark von der Qualität der zugrunde liegenden Daten ab. Unvollständige oder fehlerhafte Daten können zu ungenauen Vorhersagen führen https://www.salesken.ai/blog/advanced-insights-into-sales-forecasting-maximizing-accuracy-with-ai-and-predictive-analytics
Effizienz: Durch die Automatisierung des Forecasting-Prozesses sparen Unternehmen Zeit und Ressourcen. KI kann Routineaufgaben übernehmen und den Vertriebsmitarbeitern ermöglichen, sich auf strategischere Aufgaben zu konzentrieren https://www.salesken.ai/blog/advanced-insights-into-sales-forecasting-maximizing-accuracy-with-ai-and-predictive-analytics	**Komplexität:** Die Implementierung und Wartung von KI-basierten Systemen kann komplex und teuer sein. Unternehmen benötigen spezialisierte Kenntnisse und kontinuierliche Anpassungen, um die Systeme effektiv zu nutzen https://www.copy.ai/blog/ai-for-sales-forecasting
Echtzeit-Einblicke: KI-basierte Systeme bieten Echtzeit-Analysen und -Einblicke, die es Unternehmen ermöglichen, schnell auf Marktveränderungen zu reagieren und ihre Strategien entsprechend anzupassen https://blog.floworks.ai/ai-in-predictive-sales-forecasting/	**Datenschutz:** Die Nutzung großer Mengen an Kundendaten wirft Datenschutz- und Sicherheitsfragen auf. Unternehmen müssen sicherstellen, dass sie die Datenschutzbestimmungen einhalten und die Daten ihrer Kunden schützen https://www.salesken.ai/blog/advanced-insights-into-sales-forecasting-maximizing-accuracy-with-ai-and-predictive-analytics
Personalisierung: KI kann personalisierte Empfehlungen und Maßnahmen basierend auf dem Verhalten und den Präferenzen der Kunden generieren, was die Kundenzufriedenheit und -bindung erhöht https://www.copy.ai/blog/ai-for-sales-forecasting	**Abhängigkeit von Technologie:** Eine starke Abhängigkeit von AI-Systemen kann Unternehmen anfällig für technische Störungen und Ausfälle machen. Es ist wichtig, Backup-Pläne und alternative Strategien zu haben https://blog.floworks.ai/ai-in-predictive-sales-forecasting/

Insgesamt bietet KI-basiertes Sales Forecasting erhebliche Vorteile in Bezug auf Genauigkeit und Effizienz, erfordert jedoch eine sorgfältige Planung und Verwaltung, um die damit verbundenen Risiken zu minimieren.

Zusammenfassung 4

Eine systematisierte und digitale Vertriebssteuerung ist in volatilen Zeiten und dem unbedingten Willen nach nachhaltigem Wachstum ein integraler Bestandteil einer Vertriebsstrategie im Rahmen der Methodik Sales Performance Management.

Mit den richtigen Konzepten, Steuerungsimpulsen, -kennzahlen und -instrumenten lässt sich ein Vertrieb heute nachhaltig analysieren und steuern. Dies gelingt allerdings nur unter Zuhilfenahme der technischen Möglichkeiten moderner CRM-Cloud-Plattformen. Im technischen Fundament sind neben der Cloud-Fähigkeit der Lösungen die Mobilität sowie die Integration in State-of-the-art Reporting (BI)- und Vorhersage (KI)-Lösungen sowie Automationen über KI wichtige Voraussetzungen, um langfristig wettbewerbsfähig zu bleiben und die notwendige Reaktionsgeschwindigkeit in volatilen Märkten zu gewährleisten.

Die Trends zeigen klar auf, dass die Bedeutung von KI-Assistenten im Vertrieb exponentiell wachsen werden. Diese Technologien ermöglichen eine tiefere Analyse von Kundendaten und Verhaltensmustern, was zu präziseren und zielgerichteten Verkaufsstrategien führt. Die Automatisierung von Routineaufgaben durch KI-Assistenten steigert nicht nur die Effizienz, sondern auch die Qualität der Kundeninteraktionen. Die Top-Trends zu KI wurden erläutert.

Zudem wurden in diesem *essential* die vielfältigen Möglichkeiten und das immense Potenzial von KI-basierten Assistenten und Lösungen erkundet. Wir haben gesehen, wie diese Technologien die Art und Weise, wie wir arbeiten und interagieren, revolutionieren können. Von der effizienten Verwaltung von Datenströmen über die Interaktion mit eigenen Daten bis hin zu fortschrittlichen Methoden zur Bewertung und Priorisierung von Geschäftsmöglichkeiten – KI bietet zahlreiche Wege, um die Effizienz zu steigern und menschliche Fehler zu minimieren.

Dieses essential hat sich intensiv mit dem Konzept des „Intelligenten Arbeitsplatzes im Vertrieb" befasst. Ziel war es, die Transferleistung zwischen den technischen Möglichkeiten und der Adaption im Vertrieb anhand von greifbaren Beispielen zu untermauern. Die nahtlose Integration von KI-Lösungen in bestehende Arbeitsumgebungen erleichtert die Automatisierung von Routineaufgaben und verbessert die Zusammenarbeit und Produktivität. Eine umfassende Sicht auf Kunden ermöglicht es Unternehmen, personalisierte und zielgerichtete Dienstleistungen anzubieten, die die Kundenzufriedenheit und -bindung erhöhen.

Die in diesem *essential* behandelten Themen sind nur der Anfang. Die rasante Entwicklung der KI-Technologie verspricht noch viele weitere Innovationen und Anwendungen, die unsere Arbeitswelt nachhaltig verändern werden. Es liegt an uns, diese Technologien verantwortungsvoll und kreativ zu nutzen, um das volle Potenzial auszuschöpfen und gleichzeitig ethische und gesellschaftliche Herausforderungen zu meistern.

Was Sie aus diesem *essential* mitnehmen können

- KI ist künftig ein integraler Bestandteil der Methodik Sales Performance Management.
- Die vielfältigen Möglichkeiten und das immense Potenzial von KI-basierten Assistenten und Lösungen wurden erläutert.
- KI-Assistenten werden die Art und Weise, wie wir arbeiten und interagieren, revolutionieren.
- KI bietet zahlreiche Wege, um die Effizienz zu steigern und menschliche Fehler zu minimieren.
- Das Konzept des „Intelligenten Arbeitsplatzes im Vertrieb" wurde eingeführt.
- Eine notwendige Transferleistung zwischen den technischen Möglichkeiten und der Adaption im Vertrieb anhand von greifbaren Beispielen wurde erläutert.
- Die nahtlose Integration von KI-Lösungen in bestehende Arbeitsumgebungen erleichtert die Automatisierung von Routineaufgaben und verbessert die Zusammenarbeit und Produktivität.

Literatur

Abugo, E. (2024). AI in CRM and ERP systems: 2024 trends, innovations, and best practices. https://www.microsoft.com/en-us/dynamics-365/blog/business-leader/2024/03/04/ai-in-crm-and-erp-systems-2024-trends-innovations-and-best-practices/. Zugegriffen: 21. Jan. 2025.

Agnese. (2024). Top 9 data visualization trends 2024. https://ajelix.com/data/data-visualization-trends/. Zugegriffen: 21. Jan. 2025.

Andersen, B. (2025). Understanding the data dashboard: Definition, benefits, and examples. https://www.brainsell.com/blog/understanding-the-data-dashboard/. Zugegriffen: 21. Jan. 2025.

Atlassian. (2025). Atlassian analytics – 2024 Wrap-Up. https://community.atlassian.com/t5/Atlassian-Analytics-articles/Atlassian-Analytics-2024-Wrap-Up/ba-p/2905043. Zugegriffen: 21. Jan. 2025.

Benz, D. (2025). LinkedIn als Vertriebskanal – wie sinnvoll ist es wirklich? https://www.omt.de/social-media-marketing/linkedin-als-vertriebskanal/. Zugegriffen: 21. Jan. 2025.

BMI. (2024). Datenschutz-Grundverordnung. https://www.bmi.bund.de/SharedDocs/faqs/DE/themen/it-digitalpolitik/datenschutz/datenschutzgrundvo-liste.html. Zugegriffen: 21. Jan. 2025.

Binckebanck, L., Elste, R., & Haas, A. (2023). *Digitalisierung im Vertrieb*, (2. Aufl.). Springer.

Büscher, J. (2023). Input management – definition, aufgaben, vorteile & software. https://amagno.de/input-management/54107/. Zugegriffen: 25. Jan. 2025.

DealHub. (2024). Lead-to-Order (L2O). https://dealhub.io/glossary/lead-to-order/. Zugegriffen: 21. Jan. 2025.

Finn, T. & Downie, A. (2024). KI im CRM. https://www.ibm.com/de-de/think/topics/ai-crm. Zugegriffen: 21. Jan. 2025.

Floworks. (2024). AI and predictive sales forecasting: A future guide. https://blog.floworks.ai/ai-in-predictive-sales-forecasting/. Zugegriffen: 21. Jan. 2025.

Forrester. (2018). Forrester wave sales force automation solution.

Gartner. (2018). Magic quadrant sales force automation.

Geuting, J. (2022). Inputmanagement verstehen und erfolgreich im Unternehmen einsetzen. https://www.d-velop.de/blog/digitaler-wandel/inputmanagement/. Zugegriffen: 25. Jan. 2025.

Günther, J. & Praeg, C. (2023). Bedeutung und Management von Cloud Computing, Multi-Cloud und Cloud. https://link.springer.com/article/10.1365/s40702-023-00991-z. Zugegriffen: 25. Jan. 2025.

Hagel, J. (2024). Die 8 wichtigsten KI-Trends für 2025: Was Geschäftsführer wissen müssen. https://www.hagel-it.de/ki-agentur/die-8-wichtigsten-ki-trends-fuer-2025-was-geschaeftsfuehrer-wissen-muessen.html. Zugegriffen: 21. Jan. 2025.

ISG. (2018). ISG Provider Lens SaaS CRM Germany 2017.

Jansen, E. (2024). Social selling revolution: How social media is transforming retail and investment strategies. https://www.finivi.com/social-selling-revolution-social-media-transforming-retail-investment-strategies/. Zugegriffen: 21. Jan. 2025.

Jordan, A. (2023). KI im Input Management: Möglichkeiten und Herausforderungen. https://isr.de/news/bpa-ki-im-input-management/. Zugegriffen: 25. Jan. 2025.

Kersanske, L. (2024). Building sales battlecards: best practice, tips, and templates. https://gtmnow.com/build-sales-battlecards/. Zugegriffen: 25. Jan. 2025.

Klett, D. (2021). Daten-Governance in der KI-Verordnung. https://www.taylorwessing.com/de/interface/2021/ai-act/data-governance-in-the-ai-regulation. Zugegriffen: 21. Jan. 2025.

Klue, N. (2024). Sales battlecards 101: guide + battlecard templates. https://klue.com/blog/competitive-battlecards-101. Zugegriffen: 25. Jan. 2025.

LangChain. (2024). State of AI Agents. https://www.langchain.com/stateofaiagents. Zugegriffen: 21. Jan. 2025.

Laxis Inc. (2024). 10 sales trends to watch in 2025: The rise of AI and automation. https://www.laxis.com/blog/10-sales-trends-to-watch-in-2025-the-rise-of-ai-and-automation. Zugegriffen: 21. Jan. 2025.

LinkedIn. (2024). Social selling – was ist das? https://business.linkedin.com/de-de/sales-solutions/social-selling. Zugegriffen: 21. Jan. 2025.

Ludolph, M. (2024). Generative KI und die Speicherbegrenzung der DSGVO. https://www.fieldfisher.com/de-de/insights/generative-ki-und-die-speicherbegrenzung-der-dsgvo. Zugegriffen: 21. Jan. 2025.

Lung, L. (2024A). KI im Lead Scoring: So revolutioniert künstliche Intelligenz Ihre Leadqualifizierung. https://www.qualimero.com/blog/ki-lead-scoring-b2b-vertrieb. Zugegriffen: 21. Jan. 2025.

Lung, L. (2024B). KI Chatbot einführen: So gelingt es in 6 Schritten. https://www.qualimero.com/blog/ki-chatbot-einfuehren-6-schritte. Zugegriffen: 27. Jan. 2025.

Main, K. (2024). Best CRM Software Of 2025 – Forbes Advisor. https://www.forbes.com/advisor/business/software/best-crm-software/. Zugegriffen: 26. Jan. 2025.

Maret J. (2024). CRM trends and predictions for 2025: What to expect. https://www.4crms.com/blog/crm-trends-2025. Zugegriffen: 21. Jan. 2025.

Matern, S. (2024). Datenschutzkonformität im Unternehmen sicherstellen. https://www.datenschutzexperte.de/blog/datenschutzkonformitat-im-unternehmen-sicherstellen. Zugegriffen: 21. Jan. 2025.

Mauri, D. (2024). Build a chatbot on your own data in 1 hour with Azure SQL, Langchain and Chainlit. https://devblogs.microsoft.com/azure-sql/build-a-chatbot-on-your-own-data-in-1-hour-with-azure-sql-langchain-and-chainlit/. Zugegriffen: 26. Jan. 2025.

Literatur

Microsoft. (o. J.). Deliver connected customer journeys. https://cdn-dynmedia-1.microsoft.com/is/image/microsoftcorp/287289-DYN-CustomerInsights-1.1-2000x1125?resMode=sharp2&op_usm=1.5,0.65,15,0&wid=1186&hei=668&qlt=100&fmt=png-alpha&fit=constrain. Zugegriffen: 27. Jan. 2025.

Pajkovic, N. (2024). Sales battlecards 101: Expert guide + battlecard templates. https://klue.com/blog/competitive-battlecards-101. Zugegriffen: 25. Jan. 2025.

Pant, V. (2024). What can an AI voice sales agent do for you? https://convin.ai/blog/ai-voice-sales-agent. Zugegriffen: 27. Jan. 2025.

Phoenix Consulting. (2024). Social selling statistics you need to know in 2024. https://alexphoenixconsulting.com/post/social-selling-statistics-you-need-to-know-in-2024/. Zugegriffen: 21. Jan. 2025.

Pufahl, M. (2018). *Sales Performance Management,* (2. Aufl.). Springer.

Rauch S. (o. J.). Effizientes input management. https://exb.de/blog/input-management/. Zugegriffen: 25. Jan. 2025.

Revenue.io. (2025). What are sales dashboards? https://www.revenue.io/inside-sales-glossary/what-are-sales-dashboards. Zugegriffen: 21. Jan. 2025.

Riley, R. (2024). Building your own copilot with Copilot Studio. Microsoft Copilot Blog. https://www.microsoft.com/en-us/microsoft-copilot/blog/copilot-studio/building-your-own-copilot-with-copilot-studio/. Zugegriffen: 27. Jan. 2025.

Ritter, N. (2024). Next Best Action (NBA): Die Zukunft der datengetriebenen Vertriebsstrategien? https://www.heyacto.com/blog-posts/next-best-action. Zugegriffen: 21. Jan. 2025.

Salesken. (2025). Advanced insights into sales forecasting: Maximizing accuracy with AI and predictive analytics. https://www.salesken.ai/blog/advanced-insights-into-sales-forecasting-maximizing-accuracy-with-ai-and-predictive-analytics. Zugegriffen: 21. Jan. 2025.

Scheiner, M. (2024). Best cloud based CRM software: Definition & benefits. https://crm.org/crmland/cloud-based-crm. Zugegriffen: 26. Jan. 2025.

Schwarz, D. (2024). Die 5 neuester AI-Trends für automatisierte Sales-Prozesse in 2024. https://www.bitrix24.de/articles/die-5-neuesten-ai-trends-f-r-automatisierte-sales-prozesse-in-2024.php. Zugegriffen: 21. Jan. 2025.

Spataro, J. (2024). New autonomous agents scale your team like never before. https://blogs.microsoft.com/blog/2024/10/21/new-autonomous-agents-scale-your-team-like-never-before/. Zugegriffen: 21. Jan. 2025.

Thompson, N. (2024). How to use AI for sales forecasting in 2025 and beyond. https://www.copy.ai/blog/ai-for-sales-forecasting. Zugegriffen: 21. Jan. 2025.

Url, M. (2022). Forecasting mit künstlicher Intelligenz. https://unipub.uni-graz.at/obvugrhs/content/titleinfo/7968126/full.pdf. Zugegriffen: 21. Jan. 2025.

Vergadia, P. (2024). How to build ChatGPT-like enterprise search on your own data. https://devblogs.microsoft.com/all-things-azure/how-to-build-chatgpt-like-enterprise-search-on-your-own-data/. Zugegriffen: 26. Jan. 2025.

Whalin, M. (2024). Introducing azure AI agent service. https://techcommunity.microsoft.com/blog/azure-ai-services-blog/introducing-azure-ai-agent-service/4298357. Zugegriffen: 21. Jan. 2025.

Williams, O. (2024). Best CRM software of 2024. https://www.techradar.com/best/the-best-crm-software. Zugegriffen: 26. Jan. 2025.

Wirtschaftslexikon. (2024). Effizienz, Effektivität. https://www.wirtschaftslexikon24.com/d/effizienz-effektivitaet/effizienz-effektivitaet.htm. Zugegriffen: 20. Jan. 2025.

Wuttke, L. (2023). Next best action: Definition, vorteile und beispiele. https://datasolut.com/next-best-action/. Zugegriffen: 21. Jan. 2025.

The manufacturer's authorised representative in the EU is Springer Nature Customer Service Centre GmbH, Europaplatz 3, 69115 Heidelberg, Germany. If you have any concerns regarding our products, please contact ProductSafety@springernature.com

Printed and bound by CPI Group (UK) Ltd, Croydon, CR0 4YY
23/03/2026
02076397-0006